„Deutschland"

Die Bundesrepublik Deutschland das vierte Reich

Autor:

Gregor Paul Braun

Impressum:
Gregor Paul Braun
CK Residence 565/67-8 Moo 10 Nongprue, Banglamung, Chonburi 20150
Copyright: www.staat-deutschland.de
Herstellung und Verlag:
Books on Demand GmbH, Norderstedt
ISBN: 978-3-8423-8008-0

Inhaltsverzeichnis:

Einleitung:

Seite 2 UN Note der BRD A 45 – 567 v. 03.10.1990

the Charter in accordance with the solemn declaration of 12 June 1973. As from the date of unification, the Federal Republic of Germany will act in the United Nations under the designation "Germany".

Die Bundesrepublik (?) Deutschland wird ab dem Datum der Wiedervereinigung innerhalb der Vereinten Nationen mit der Länderbezeichnung „Deutschland" auftreten.

Die Militärgesetzgebung Deutschland vom 18.09.1944 -/- 5. Juni 1945 sagt dazu folgendes aus:

„Deutschland" bedeutet das Deutsche Reich wie es am 31. Dezember 1937 bestanden hat.

Wir sparen uns ein langes Vorwort und stellen Ihnen hier einen Text vor, der zeigt, wie leicht Menschen manipuliert werden können, was daraus entstehen kann und was daraus entstanden ist.
Dieses Buch umfasst ein Wissen, das den Menschen bisher vorenthalten wird. Eine Grundlage dieses Buches bildet auch Nostradamus mit seinen Versen. Besonders seine Aussage:

doppelte Bedeutung und Mehrfachberechnung.

Das wird gerne von allen Nostradamus Forschern übersehen. Nostradamus nimmt nicht nur Bezug auf den Westen oder den mittleren und nahen Osten, er hat als Seher und Prophet getan, was viele vor und nach ihm schon getan haben: Er hat die Wahrheit geschrieben.

Beginnen wir also unsere Reise durch das Unbekannte mit der...

Militärgesetzgebung Deutschland
Vom 18.September 1944

Verordnung Nr. 3 Amtssprache
1. Amtssprache in allen Angelegenheiten die die Militärregierung betreffen, innerhalb des vorerwähnten Kontrollgebiets ist die englische Sprache.
2. Alle offiziellen Bekanntmachungen und alle Schriftstücke, die durch den Obersten Befehlshaber der Alliierten Streitkräfte oder in dessen Auftrage erlassen und herausgegeben werden, werden in englischer Sprache abgefaßt.

Falls Übersetzungen in die deutsche oder irgendeine andere Sprache gemacht werden,

so gilt immer der englische Wortlaut.

3. Diese Verordnung tritt am Tage ihrer ersten Verkündung in Kraft.

Diese Verordnung wurde durch die Kontrollratsdirektive Nr. 11 auf die Amtssprachen französisch und russisch erweitert

Das einseitige Denken,
„auch Scheuklappendenken genannt"

Das Verständnis der Menschen untereinander ist derzeit weitgehend zerrüttet. Jeder will die Nummer 1 auf dieser Welt sein und sich egal wie, die Vormachtstellung gegenüber anderen sichern. Natürlich hat das negative Folgen, doch die werden aufgrund einseitigen Denkens kurzerhand ignoriert.

Ein Beispiel dafür ist die >Bundesrepublik< Deutschland, die vorgibt am 23.05.1949 gegründet worden zu sein und ungeachtet dessen, dass Deutschland „als Reich" am 08.05.1949 schon gegründet war, den Rechtsanspruch auf ein Deutsches Reich in den Grenzen vom 31.12.1937 erhebt.

Das kann eigentlich nur durch Betrug erfolgen. Man führt bewußt eine Zerrüttung herbei und bezichtigt einen Anderen, wobei man geschickt von sich selber ablenkt.
So wird einer „BRD" mehr „Glauben" geschenkt als der Gegenseite, die zur „DDR" degradiert und in einen Unrechtsstaat umgedeutet wurde. Das ist die bis heute bestehende, schwerwiegende und allgemeine Aussage.

„DDR" und „DDR" haben zwei völlig unterschiedlichen Bedeutungen

Was dabei verschwiegen wird ist, das es **zwei** Verfassungen der „DDR" gibt. Man wirft aber einfach alles in einen Topf quirlt es kräftig durch und läßt die Desinformation dann durch die Medienpropaganda verbreiten.

Dass ab hier nur noch einseitiges Denken erzeugt wird, fällt kaum mehr auf.

Am 07.10.1949 wurde die Deutsche Demokratische Republik nach der Verfassung vom 30.5.1949 gegründet.

Der eigentliche Gegenspieler ist also nicht die ursprüngliche Deutsche Demokratische Republik, denn die besaß ja die Originalverfassung vom 30.05.1949, die in einer Nationalversammlung von **2010** Volksvertretern in Berlin einstimmig verabschiedet wurde.

Das wird aber durch die Desinformation vertuscht. Und in dieser Originalverfassung steht in Artikel 1, dass **Deutschland** eine unteilbare demokratische Republik ist und sich auf seinen **Ländern** aufbaut. Wenn man das nun näher beleuchtet, stellt man fest:

08.05.1945   **Deutschland**

02.08.1945   **Deutschland**
                 als Ganzes - Potsdamer Abkommen

19.11. 1946   Verfassungsentwurf „DDR"
                 Artikel 1 **Deutschland** ist eine
                 (unteilbare) demokratische Republik

| 09.1948 | erste Bekanntmachung durch Veröffentlichung |
| 18.03.1949 | zweite Bekanntmachung durch Veröffentlichung |

<u>01.09.1948</u>	der parlamentarische Rat wird gegründet Laut den alliierten Dokumenten soll ein „Basic Law" erarbeitet werden, wobei dieses in einer Nationalversammlung oder durch Volksentscheid zu ratifizieren ist.
08.05.1949	hat der PR ein „Basic Law" = (Grund Gesetz) sprich eine Gebiets-Verfassung durch Beschluß verabschiedet.
12.05.1949	wird dieses durch das „Drei Mächte" Schreiben genehmigt:

2. Indem wir die **Verfassung** genehmigen, damit sie gemäß Artikel 144 (1) dem deutschen Volke zur Ratifizierung unterbreitet werde.

Dabei kommt es auch zu Vorbehalten wie:

Zum Ersten unterliegen die Befugnisse, die dem **Volk** durch die **Verfassung** übertragen werden, sowie die von den Ländern und den örtlichen Verwaltungskörperschaften ausgeübten Befugnisse den Bestimmungen des Besatzungsstatutes, das wir Ihnen schon übermittelt haben und das mit dem **heutigen *Datum verkündet wird**. *12.05.1949

6. Wir sind fünftens der Auffassung, dass Artikel 84, Absatz 5, und Artikel 87, Absatz 3, **dem Volk** sehr weitgehende Befugnisse auf dem Gebiet der Verwaltung geben. Die Hohen Kommissare werden der Ausübung dieser Befugnisse sorgfältige Beachtung schenken müssen, um sicherzustellen, dass sie nicht zu **einer übermäßigen Machtkonzentration** führen.

8. Um die Möglichkeit zukünftiger Rechtsstreitigkeiten auszuschalten, möchten wir klarstellen, dass wir bei der Genehmigung **der Verfassungen für die Länder bestimmten,** dass nichts in diesen Verfassungen als Beschränkung der Bestimmungen der **Deutschen Verfassung*** ausgelegt werden kann. Ein Konflikt zwischen den Länderverfassungen und der **vorläufigen Gebiets-Verfassung** muß daher zugunsten der letzteren entschieden werden.
*30.05.1949

Wir möchten es auch klar verstanden wissen, dass nach Zusammentritt der gesetzgebenden Körperschaften, die das Basic Law vorsieht und nachdem entsprechend dem, in der **Verfassung** festgelegten Verfahren, die Wahl des Präsidenten sowie die Wahl und Ernennung des Kanzlers bzw. der Minister erfolgt sind, die Regierung der **German Federal Republic*** – Deutschen Föderalistischen Republik konstituiert ist und das Besatzungsstatut daraufhin in Kraft tritt.
*April 1949 Washingtoner „Drei Mächte" Abkommen, dass eine German Federal Republic zu gründen ist.

German Federal Republik ^{April 1949}

Bei der, von den Alliierten bestimmten, German Federal Republik ^{April 1949} und deren Gebiets-Verfassung, handelt es sich um das Gegenstück zur Deutschen Demokratischen Verfassung (30.05.1949), in der nach Art. 1, Deutschland eine demokratische Republik ist.

Die Gebiets-Verfassung besitzt somit ab dem 12.05.1949 Gültigkeit und wartet seit diesem Tage auch auf den dazugehörenden Volksentscheid gemäß Punkt 2 des „Drei Mächte" Schreibens.

Nun steht in jedem der bisher verfassten „Grundgesetze":

<u>Der Parlamentarische Rat hat am 23. Mai 1949 in Bonn am Rhein in öffentlicher Sitzung festgestellt, das das, am 8. Mai des Jahres 1949 vom parlamentarischen Rat beschlossene Grundgesetz</u> für die Bundesrepublik Deutschland, in der Woche vom 16. bis 22.Mai 1949 durch die Volksvertretungen von mehr als zwei Dritteln der beteiligten deutschen Länder angenommen worden ist.

<u>Autsch!!</u>

Da stellt also der parlamentarischer Rat am 23.05.1949, (zufällig genau vier Jahre nach Verhaftung des Reichsoberhauptes Dönitz{seine eigene Definition}) fest, dass er ein, schon am 08.05.1949 beschlossenes GG verabschiedet hat.

Was beschlossen und tatsächlich genehmigt wurde finden wir hier noch einmal:

Indem wir die Verfassung genehmigen, damit sie gemäß:

Artikel 144 (1)
dem **deutschen Volke** zur Ratifizierung unterbreitet werde.

Es steht nirgendwo, dass **angebliche Volksvertretungen** (wobei diese gleichzusetzen sind mit der Aussage kriminelle Vereinigungen, sprich **Parteien)** das Recht besitzen, über eine **Verfassung** zu bestimmen, aus der nun ein Grundgesetz (?) für eine Bundesrepublik (?) Deutschland wurde.

Basic Law

Wie hier schon zu erkennen ist, wird die Bezeichnung Basic Law – Grund Gesetz getrennt geschrieben. Denn jedes der beiden Wörter besitzt noch weitere mögliche Eigenschaften, wie wir noch feststellen werden. Zusammen geschrieben gehen die eigentlich dazugehörenden Bedeutungen schlicht verloren. Eine gewisse Arglistigkeit ist schon feststellbar.

Denn die Aussage:
Grund (besteht schon aus 230 Synonymen in 27 Synonymgruppen) und,
Gesetz (aus 161 Synonymen in 15 Synonymgruppen).

Bei der Suche nach dem Synonym Grundgesetz kam die folgende Aussage:

keine Synonyme gefunden.

Die Aussage „Grundgesetz" entspricht somit keiner Norm. Auch dieses wird, wenn wir uns im korrekten Englisch einmal umschauen sehr schnell verständlich.

An <u>erster</u> Stelle steht immer die [constitution] Verfassung womit die eigentliche Staats-Verfassung gemeint wird.
An <u>zweiter</u> Stelle finden wir die [law constitution], dabei handelt es um die gesetzliche Gliedstaats- sprich Landesverfassung und an <u>dritter</u> Stelle kommt erst das [basic law] welches ein Grund-Gesetz (Verfassung) darstellt.

Nach Artikel 23 wird hier die Aussage „Gebiete"
benutzt, also ist Grund gegen die Bezeichnung Gebiet
auszutauschen. Da die Alliierten selber die Aussage
[constitution] benutzen zur Erklärung um was es sich
im englischen bei einem [basic law] handelt, ist Gesetz
gegen Verfassung auszutauschen.
Wenn es auf der einen Seite schon kein „Grundgesetz"
gibt, dann kann es auf der anderen Seite auch keine
Bundesrepublik geben.
(Schreibweise: zusammengezogen).

Trennen wir auf in eine Bundes Republik, kommen wir
der Sache näher. Schauen wir uns die dazugehörende
Aussage der Alliierten vom April 1949 einmal an:

German   Federal   Republic

Eine Reihe von Übersetzungen spricht hierbei von
einer Deutschen Föderalen Republik. Diese Aussage
ist sowohl richtig als auch falsch.

Denn:
German   einzeln übersetzt bedeutet nicht
                Deutsch-e sondern einfach nur
                Deutsch
Federal   **kann** bedeuten Politik und Bund...
Republik   ist eine Staatsform deren Aussage auf
                Gemeinsinn und Gemeinwohl
                hinweist, dementsprechend das Soziale
                Verhalten des Volkes.

Federal ist immer nur in Verbindung mit der Aussage „Republik" zu sehen und das worauf die „Drei Mächte" tatsächlich Bezug nehmen. In allen Dokumenten wird grundsätzlich nur das **deutsche Volk** angesprochen. Also ist die Aussage German und Federal mit dem deutschen Volk zu ersetzen.

German	Federal	Republic
Deutsche	Volks	Republik

Nun sollte schon jeder zu der Annahme kommen das die Aussage Bundes identisch sei mit Federal Republik, also Volks Republik. Dass dies nicht der Fall ist, beweist der Personal–Ausweis. Hier steht unter Nationalität: „Deutsch" …

German	Federal	Republic
Deutsch	Bundes	Republik

(das Wort "Reich" wurde durch "Bund" ersetzt).
Quelle: http://www.protokoll-inland.de/

Dass dies keine Aussage darstellt ist logisch, also lässt man vorne das Deutsch wegfallen und hängt einfach Deutschland hinten dran.
Es wird jetzt schon rechtswidrig auf eine Deutsch(e) Republik getarnt als Bundes- Republik „Deutschland" verwiesen. Sie fragen sich jetzt sicherlich warum Deutschland in Anführungszeichen steht. Wie wir vorab feststellen konnten, lautet die deutsche Verfassung, Deutsche Demokratische Republik, diese bindet schon alles ein.

Schauen wir in das GG, so besteht es regulär nur aus den ersten 18 Artikeln, dann folgt Art. 19, das Zitiergebot und danach erst die angebliche Bundesrepublik, die sich Deutschland nennt.
Nun sollten auch Sie auf die Zahlentrickserei der „Nazis" nicht hereinfallen. 18 + 19 ist 37.

Setzen wir die Zahl ohne das **ist** zusammen entsteht daraus 1937.
Das ist mehr als nur ein ganz klarer Hinweis und nun brauchen wir nur noch den Artikel 20 mit 1920 zu erweitern und wir haben die Deutsche Republik alias Bundesrepublik gefunden. Deutschland in Anführungszeichen finden wir auch in der Militärgesetzgebung kurz „SHAEF" genannt, unter der Nummer 52 VII e wieder. Hier steht wörtlich:

„Deutschland" bedeutet das Deutsche Reich wie es am 31. Dezember 1937 bestanden hat.

Die Ironie des Schicksals

Gross Deutsches Reich

GDR

German   Demokratic   Republic

Deutsche Demokratische Republik
Das   Deutsche   Reich

Artikel 1 der deutschen Verfassung besagt:
08.05.1945 Deutschland ist eine

02.08.1945 unteilbare (Potsdamer Abkommen)

demokratische Republik; sie baut sich auf den
deutschen Ländern auf.

16

NS – Reichs- Parteien

Das Deutsche Reich wurde von **1933 bis 1945** von der Nationalsozialistischen Deutschen Arbeiterpartei (NSDAP) beherrscht. Unter dem „Führer", Staats- und Parteichef Adolf Hitler, errichtete sie eine Diktatur.
http://de.wikipedia.org/wiki/Deutsches_Reich_1933_bis_1945

Es ist offensichtlich, auf was die kriminellen Vereinigungen sprich Parteien tatsächlich aus sind. Dass es sich hierbei um keine Parteien im klassischen Sinne handelt, sondern um die getarnte „NSDAP", ist recht einfach beweisbar.

Von der Aussage Demokratie wird das Volk abgeleitet, dieses besitzt eine Nationalität. Die Aussage Nationalität wird von National-(e) abgeleitet. Die Aussage Sozial stammt von Sozial-ismus ab.

Als Beispiel:
Es gab einst die sozialistische Arbeiter Partei Deutschlands kurz SPD, nach dem Krieg, benannte man sich in Sozialdemokratische Partei Deutschland um …

Alle anderen Parteien sind keinen Deut besser – und das haben die Alliierten gewußt. Das tatsächlich nur ein einseitiges Denken vorhanden ist, läßt sich schon an der Aussage Republik feststellen. Dabei handelt es sich um eine Staatsform, die für Gemeinsinn und Gemeinwohl steht. Deswegen ist die jeweils

zusätzliche Aussage Sozial schon unsinnig. Die CD = „National" U und CS= „Sozialistische" U sind bewußt getrennt aufgetreten, gehören aber zusammen, wie wir wissen. Wo letztlich die CD(A)P besser bekannt als Adenauer Partei abgeblieben ist, kann nicht mehr nachvollzogen werden, vielleicht sind es die Jusos.
Wir finden ganz einfach, wenn wir wollen, die „Nazi Rückstände" in allen kriminellen Vereinigungen sprich Parteien wieder.

Am selben Tag, an dem das umstrittene GG bekannt gegeben wurde, traten auch die Vier Mächte zu den ersten friedensvertraglichen Gesprächen in Bezug auf **Deutschland** und „**Deutschland** als Ganzes" in Paris zusammen. Diese Gespräche wurden dadurch torpediert, dass die ehemalige Sowjetunion zu der Annahme kam, dass die „Drei Mächte" einen eigenen Westdeutschen Staat an diesem Tage gegründet hätten.

Noch am selben Tag haben die „Drei Mächte" dann die Federal Republic **of** Germany deklariert, um klarzustellen, dass das, was die „Parteien" veröffentlichten, nicht identisch mit Deutschland und einer German Federal Republic und auch kein Teil davon ist. Ungeachtet dessen haben diese „Parteien" einfach weitergemacht.

Nochmals zur Erinnerung:
Bevor Sie eine Übersetzung ins Deutsche vornehmen, sollten Sie sich folgende Aussagen **immer** vor Augen halten:

18

United States	**of** America
United Kingdom	**of** Great Britain
Federal Republic	**of** Germany
ist somit die:	
Volks Republik	**von** Deutschland,

Schauen Sie auch nochmal auf Ihren Personal-Ausweis, denn die Aussage in Deutsch:

Bundesrepublik Deutschland nimmt mit der darunter getätigten Aussage Federal Republic **of** Germany keinen Bezug auf die "Volks-Republik"
Es wird auf dem Ausweis schon auf <u>zwei</u> verschiedene Bedeutungen hingewiesen.

Zur Erinnerung:
<u>so gilt immer der englische Wortlaut</u>

Vereidigung auf das GG einer BRD

Die in deutscher Sprache geschriebene Bundesrepublik Deutschland besitzt somit keine Gültigkeit.

Quelle: Google.de Hitlergruß

Sollte nun beispielsweise ein bessergestellter, privatrechtlich „Beamteter" (Polizei oder deren <u>S</u>chläger u. <u>S</u>öldnertruppe, auch Bereitschaftspolizei genannt) Sie in jedweder Weise belangen wollen, ist/sind er/sie im Verhältnis zu der souveränen, demokratischen Volks-Republik Deutschland **Ausländer**.

Abgesehen davon fehlt bei dieser privatrechtlichen Schläger- und Söldnertruppe (S21) eigentlich nur noch das verbotene Abzeichen. **„Meine Ehre heißt Treue"** war der Wahlspruch der Schutzstaffel (SS). Durch § 86a des Strafgesetzbuches (Verwenden von Kennzeichen verfassungswidriger Organisationen) sowie § 130 (Volksverhetzung) wurde das unter Strafe gestellt. Wie Sie anhand dieser „paar" Bilder selber erkennen können ist der Hitlergruß nach § 130 Volksverhetzung, wird aber immer noch getarnt als angebliche Vereidigung angewendet.

Am 30.05.1949 wurde die Verfassung für ein ganzes Deutschland von 2010 gewählten Volksvertretern aus einem ganzen **Deutschland** einstimmig in Berlin angenommen. Am 07.10.1949 trat Deutschland als demokratische Republik in Kraft.

Oft wird nun auf das Grundsatzurteil von 1973 verwiesen, welches bei genauer Betrachtung nur eine These darstellen kann. Viele Menschen sind auch der Annahme, dass dieses polit- oktroyierte BVG rechtmäßig bestünde. Wenn dem so wäre, hätte auch die Aussage aus diesem „Urteil" Gültigkeit:

Die Deutsche Demokratische Republik gehört zu Deutschland und kann im Verhältnis zur Bundesrepublik Deutschland **nicht als Ausland** angesehen werden.
Quelle: http://www.servat.unibe.ch/dfr/bv036001.html

**Demzufolge ist die
Bundesrepublik Deutschland** ^{23.05.1949}
mit allem was dazu gehört Ausland.

<u>Was ist nun eine Bundesrepublik
die sich Deutschland nennt</u>

In Anbetracht der vorangegangenen Erläuterungen müssen wir uns schon die Frage stellen, was ist denn nun eine >Bundesrepublik< Deutschland, kurz „BRD".

Die Antwort heißt:
Nichts, nur ein alliiertes Konstrukt, das von einigen Altnazis als Sprungbrett in eine lukrative Zukunft benutzt wurde. Die Abrechnung durch das gesamte deutsche Volk steht noch aus.
Ungeachtet dessen jedoch, dass Deutschland ab dem 08.05.1945 das Reich darstellt, halten genau diese „Alten" an dem Reich in den Grenzen von 1937 fest. Dafür muss es irgendwelche gewichtigen Gründe geben.

Parallel mit der Liquidierung der Führungspersonen sowohl des Deutschen Reiches als auch, was andere über die wahren Hintergründe informierte Personen der europäischen Politik betraf, erfolgte die gewaltigste Fälschungsaktion aller Zeiten. Wer zuviel, ja, wer überhaupt etwas von den wahren und tatsächlichen politischen Entwicklungen und Zusammenhängen wußte, wurde beseitigt. Der Grund dafür war nicht etwa der persönliche Beitrag zu irgendwelchen Ereignissen, die zum Zweiten Weltkrieg geführt hatten oder zu Vorgängen während dieses Krieges. Der einzig entscheidende Grund lag im Wissen der einzelnen Person. Das einzige Mittel, der einzige Weg ehemaliger Führungspersonen, ihr Überleben zu sichern, war ihre Bereitschaft, an den Verfälschungen mitzuarbeiten. Standfestigkeit wurde nach dem Ende des Zweiten Weltkriegs zur zentralen Todesursache; nicht Herzinfarkt oder ein Krebsleiden. Das damals über Europa gekommene Krebsgeschwür war der in Angloamerika erdachte, heute weltweit ausgedehnte Betrug. Ein Betrug nicht nur des seit 1945 in Knechtschaft lebenden Deutschen Volkes, sondern der gesamten Menschheit. Ein Betrug, begleitet von Fälschungen größten Ausmaßes, dessen Konsequenzen sich heute bis in den letzten Winkel des Globus auswirken. Ein Betrug als Fortsetzung gleichgelagerter Entwicklungen, wie sie zunächst zum Aufbau des englischen Kolonialreiches - des sogenannten British Empire - erprobt, im Ersten Weltkrieg dann erstmals weltweit vorgetragen wurden, um nach dem Zweiten

Weltkrieg einen ersten Höhepunkt zu erreichen. Was zuvor als namenlose Betrügerei und Verfälschung über die Menschheit und ihr Wissen gebracht worden war, erhielt 1945 erstmals einen eigenen Namen:

Entnazifizierung.

Ein Titel, unter dem nicht nur die Schuldfrage des Zweiten Weltkrieges dem Deutschen Reich untergeschoben wurde, sondern der dann auch dazu herhalten konnte, alle folgenden Verbrechen der Siegermächte gegen das deutsche Volk zu kaschieren. Nicht die wahren Kriegsplaner und Verursacher, das aus den Organisationsstrukturen des Britischen Empires hervorgegangene, von jeder nationalen Verpflichtung, ja, <u>selbst von jeder Menschlichkeit losgelöste</u> **Großkapital** wurden an den Pranger gestellt, sondern alle, die dessen Machenschaften entlarven konnten und die deren künftiger Machtentfaltung störend im Wege stehen konnten, wurden existentiell von dem **Großkapital** vernichtet.

Dies bildete eine Grundlage mit, mit der die BRD *[GmbH] gegründet wurde.
Eine BRD, auf Fälschung, Korruption und Terror gegründet und in der Folge mit Fälschung, Korruption und Terror erhalten!
Quelle: Denk-Mal Politik GUWG-Verlag, 50169 Kerpen-Horrem, Rathausstraße 51

*vom Autor eingefügt mit Verweis auf die UN Note der BRD und der darin befindlichen Aussage „Germany“

.... **Auszug Ende** ...

Ulbricht's Spruch,

dass die Macht bei den Parteien bleibt, sollte hier schon aufschlussreich sein.

Schauen wir uns nochmal in der Vergangenheit um. Den Amerikanern sind 9,2 Mio. NSDAP Mitgliedskarten in die Hände gefallen. Die Mehrheit dieser NSDAP'ler sind im Krieg umgekommen, waren Gefangene, wurden Vertriebene, waren Jugendliche, Gefallene oder Bürger und Bürgerinnen. Um der tatsächlichen Politverbrecher habhaft zu werden oder diese auszuschalten, haben die Alliierten ab dem 20. September 1945 nur noch demokratische Parteien zugelassen.

Die Alliierten machten diesen Parteien den Vorwurf, dass sie Hitlers Machtergreifung am 30.01.1933 nicht verhindert sondern begünstigt hatten.

Innerhalb dieser Parteien fand denn auch genau der Personenkreis Unterschlupf, den die Alliierten auf ihrer Fahndungsliste stehen hatten. Sicher war es so einfacher, das weiterhin bestehende NSDAP Machtkartell unter Beobachtung zu halten. Im Gegenzug zu ihrem „Überleben" wurden diese Politkriminellen gleichzeitig zum Aufbau eines demokratischen Deutschlands herangezogen. Diese, zu Gärtnern gemachten Böcke waren aber auch die Sargnägel einer jeden Partei. Das wird schon an den Glied- und Staats- sprich Landesverfassungen ersichtlich.

26

In Vertretung für alle deutschen Gliedstaaten wird immer nur die Staats- sprich Landes- Verfassung von Rheinland – Pfalz die auch heute noch Gültigkeit besitzt zitiert.

Artikel 79 [Landtag, Landtagsabgeordnete]
    (1) **Der Landtag ist das vom Volk gewählte oberste Organ** der politischen Willensbildung
        ....

    (2) Der Landtag besteht **aus vom Volk gewählten Abgeordneten**. Sie sind Vertreter des ganzen Volkes, nur ihrem Gewissen unterworfen und an Aufträge nicht gebunden.

Artikel 80 [Landtagswahl]
    (1) Die Abgeordneten werden nach den Grundsätzen einer mit der **Personenwahl verbundenen Verhältniswahl** gewählt.

Parteien und deren Mitglieder sind nicht wählbar. Denn diese Mitglieder können nur sich selbst oder andere wählen und sind somit auch **keine Volksvertreter**. Sie vertreten immer nur sich selbst und ihre Partei.

Wenn Parteien dennoch wählbar wären, dann könnte auch immer nur der dazugehörende Politkasper der die Partei nach innen und außen vertritt gewählt werden. Als Folge dessen kann auch immer nur ein einzelner Politclown in den Landtag einziehen.

Darüber hinaus können Nichtmitglieder dieser Parteien auch diese Politclowns nicht wählen.

Nun haben sich diese kriminellen Vereinigungen schon den Volksentscheid zu Eigen gemacht, indem sie sich als Parteien rechtswidrig in den Glied-Staaten sprich Ländern erneut breitmachten, ungeachtet dessen, dass sie nicht wählbar sind, nach:

Art. 144 Im Auszug der RL-P Verfassung
(4) Die am Tage der Annahme dieser Verfassung **durch das Volk gewählten Abgeordneten bilden den 1. Landtag im Sinne dieser Verfassung**.

Wilhelm Boden (* 5. März 1890 in Grumbach am Glan; † 18. Oktober 1961 in Birnbach, Westerwald) war ein deutscher Jurist und **Politiker der CDU**. Er war der erste und somit auch der angebliche Ministerpräsident des Landes Rheinland-Pfalz.

Natürlich fürchteten diese schon damals Politkriminellen um ihre Macht und:

Durch Gesetz (??) **vom 8. März 2000** erhielt der Artikel 114 folgende Fassungen:

"**Artikel 114.** Die Verkündung eines Landesgesetzes ist zum Zwecke der Durchführung eines Volksentscheids auszusetzen, **wenn es ein Drittel des Landtags verlangt**. Erklärt der Landtag ein Gesetz für dringlich, so kann der Ministerpräsident es ungeachtet dieses Verlangens verkünden. Die Aussetzung von

Gesetzen über Finanzfragen, von Abgabengesetzen und Besoldungsordnungen ist unzulässig."

(??) Welches Gesetz wollen nicht wählbare Polit-Hasardeure egal welcher nicht wählbaren Partei überhaupt auf den Weg gebracht haben und welches Drittel des Landtages hat überhaupt einen legalen Volksentscheid abverlangt.

In der Analogie dazu steht in:
Artikel 144
(2) Die vorläufige Landesregierung **gilt bis zur Bildung einer neuen Regierung** als geschäftsführende Regierung im Sinne des Artikels 99 Abs. 4.

Artikel 99
(4) Wird dem Ministerpräsidenten, der Landesregierung, oder einem Minister das Vertrauen entzogen, so haben sie die Geschäfte so lange weiterzuführen, bis ein neuer Ministerpräsident gewählt, eine neue Regierung oder ein neuer Minister bestätigt worden ist.

Da nach Artikel **80** bis heute **keine** Abgeordneten aus dem deutschen Volk nach den Grundsätzen einer mit der **Personenwahl verbundenen Verhältniswahl** gewählt wurden und es somit auch **keine** Ministerpräsidenten oder Minister gibt, handelt es sich bei den Politkriminellen Vereinigungen sprich Parteien, immer nur um nach Artikel 144 weiterhin bestehende, **vorläufige** <u>Landesregierungen als geschäftsführende Regierungen</u>.

Jegliche Änderungen an der Staatsverfassung von Rheinland – Pfalz besitzen somit genauso wenig Gültigkeit, wie Änderungen an einem vermeintlichen „Grundgesetz" für eine Bundesrepublik die sich Deutschland nennt.

So haben sich **nicht** gewählte Bürger/-innen wie Sie und ich, die nur nach der Personenstandswahl wählbar sind, sondern Parteien nach „Nazi Manier" erneut über und gegen das deutsche Volk gestellt. Der erste Landtag der sich überwiegend aus solchen Politkriminellen rekrutierte, beging somit zweifelsfrei Verfassungsbruch. Da also immer nur Parteien gewählt werden und keine Personen, tarnt man Volksentscheide als angebliche Landtagswahlen.
Aufgrund dieser Tatsache, die bis heute Bestand hat, sind die „Drei Mächte" auf ihrer sechs Tage Konferenz in London zu dem Entschluß gekommen, dass ein Basic Law („Grund Gesetz") eine Gebietsverfassung zu erarbeiten sei, die in einer, durch das deutsche Volk einberufenen Nationalversammlung, oder durch Volksentscheid verabschiedet werden soll. Wie man aus den entsprechenden Dokumenten erkennen kann, wird eine Verfassung von den rechtswidrigen und kriminellen Landesfürsten abgelehnt, mit der Begründung dass es ausreichend sei, dass die Länder darüber abstimmen würden. Ferner wird behauptet, dass man die Nähe zu Deutschland (?) nicht gefährden will. Welches Deutschland diese Politverbrecher

30

tatsächlich meinen, dürfte mittlerweile auf der Hand liegen.

Die „Drei Mächte" haben das jedoch abgelehnt und die Gebietsverfassung eingefordert.

Der parlamentarische Rat hat somit am 08.05.1949 eine Gebietsverfassung beschlossen, die von den „Drei Mächten" mit dem Schreiben vom 12.05.1949 bestätigt wurde.

Aufgrund der dazugehörenden Vorbehalte, erklärte der PR, dass nochmals eine beratende Sitzung einberufen werden müsse, wobei auch Berliner Vertreter anwesend sein sollten. Dieses wurde von den „Drei Mächten" gestattet, wie wir heute wissen.

Artikel 146 GG

Wie wir ebenfalls feststellen können, trat am 30.05.1949 die deutsche Verfassung für ganz Deutschland in Kraft. Schon ab diesem Tage ist das GG nach dem Artikel 146 erloschen.

Interessanterweise gehen die „Drei Mächte" in ihrem Genehmigungsschreiben, in keiner Weise auf den Artikel 146 ein, sondern sie erklären (im Auszug):

Nach Vollendung **seiner letzten Aufgabe**, wie sie in Artikel 145, Absatz 1, festgelegt ist, wird der Parlamentarische Rat aufgelöst […]

Da es sich bei dem „GG" um ein **besatzungsrechtliches Provisorium** handelt, bedarf es keines Artikels 146. Am 03. Oktober 1990 in Verbindung mit dem 2+4 Vertrag nach Artikel 7, sind jegliche alliierten Vorbehaltsrechte zu Gunsten eines vereinigten Deutschland, des „Staates Deutschland" beendet worden. Damit ist das provisorische, besatzungsrechtliche Basic Law[08.05.-12.05.1949], automatisch mit erloschen.
Wenn demzufolge ein parlamentarischer Rat nach Artikel 145 Abs. 1 die Bekanntmachung getätigt haben will, endet die provisorische Gebiets- Verfassung 08.05.1949 alias „Grundgesetz" auch mit diesem Artikel. Da eine Bekanntmachung nicht nach einem Artikel 145 sondern mit einem

Artikel 146

Dieses Grundgesetz verliert seine Gültigkeit an
dem Tage, an dem eine Verfassung in Kraft tritt,
die von dem deutschen Volke in freier Entscheidung
beschlossen worden ist.

erfolgt ist, kann der parlamentarische Rat auch zu
keiner Zeit außer Kraft getreten sein.

Denn auch hier steht folgende Aussage die wir in
jedem „GG" wiederfinden:

… Das Grundgesetz wird hiermit gemäß
Artikel 145 >> **Abs. 3**
im Bundesgesetzblatt veröffentlicht.

Dieses steht im Widerspruch zu der getätigten Aussage
der „Drei Mächte":

… nach Vollendung seiner letzten Aufgabe, wie sie in
Artikel 145 >> **Abs. 1**
festgelegt ist, wird der Parlamentarische Rat aufgelöst
Denn, nach der Aussage der „Drei Mächte" ist der PR
nur zu folgendem berechtigt gewesen:
(1) Der Parlamentarische Rat stellt in öffentlicher
Sitzung unter Mitwirkung der Abgeordneten Groß-
Berlins die Annahme dieses „Grundgesetzes" fest,
fertigt es aus und verkündet es.

Und dieses steht im Zusammenhangmit mit der
getätigten Aussage:

33

2. Indem wir die Verfassung genehmigen, damit sie gemäß Artikel 144 (1) dem deutschen Volke zur Ratifizierung unterbreitet werde …

Mit dem Genehmigungsschreiben vom 12.05.1949 trat auch gleichzeitig das Besatzungsrecht in Kraft.
Erst nach der Ratifizierung durch das deutsche Volk in West- Deutschland, hätte das Basic Law, die Gebiets-Verfassung, dieses „Grundgesetz" nach Vervollständigung des Art. 23 [Geltungsbereich - Gebiete], gemäß Artikel 144.2:

(2) Soweit die Anwendung dieses „~~Grundgesetzes~~" in einem der in Artikel 23 aufgeführten Gebiete oder in einem Teile eines dieser Gebiete Beschränkungen unterliegt, hat das Land oder der Teil des Gebietes das Recht, gemäß Artikel 38 Vertreter in den Volkstag und gemäß Artikel 50 Vertreter in den Volksrat zu entsenden.

Art. 38 GV 08.05.1949
(1) Die Abgeordneten des Deutschen <u>Volkstages</u> werden in allgemeiner, unmittelbarer, freier, gleicher und geheimer Wahl gewählt. Sie sind Vertreter des ganzen Volkes, **an Aufträge und Weisungen gebunden und nicht nur ihrem Gewissen unterworfen.**

Nach Art. 145 Abs. 2 u. 3. erst in Kraft gesetzt werden können.

In der Analogie dazu finden wir nun die Aussage vor. (Beachten Sie bitte folgendes: das Wort "Reich" wurde durch "Bund" ersetzt). Quelle: http://www.protokoll-inland.de/

(1) Die Abgeordneten des Deutschen [Reiches- gleich} Bundestages werden in allgemeiner, unmittelbarer, freier, gleicher und geheimer Wahl gewählt. Sie sind Vertreter des ganzen Volkes, **an Aufträge und Weisungen nicht gebunden** und nur ihrem Gewissen unterworfen.

Wenn die Abgeordneten des Deutschen [Reiches- gleich} Bundestages **an Aufträge und Weisungen nicht gebunden sind**, <u>dann bedarf es derer auch nicht</u>.

Denn nicht nur in der Präambel dieses 2+4 Vertrages steht:

IN WÜRDIGUNG DESSEN, dass das deutsche Volk in freier Ausübung des Selbstbestimmungsrechts seinen Willen bekundet hat, die staatliche *Einheit Deutschlands herzustellen, um als gleichberechtigtes und souveränes Glied in einem vereinten Europa dem Frieden der Welt zu dienen,

(4) Die Regierungen der Bundesrepublik Deutschland und der Deutschen Demokratische Republik werden sicherstellen, dass die **Verfassung** des vereinten Deutschland keinerlei Bestimmungen enthalten wird, die mit diesen **Prinzipien unvereinbar** sind. <u>Dies gilt dementsprechend für die Bestimmungen, die in der</u>

Präambel und in den Artikeln 23 Satz 2 und 146 **des Grundgesetzes** für die Bundesrepublik Deutschland niedergelegt sind.

*Einheit bedeutet Staat mit Verfassung

In Artikel 1 Abs. 4 erklären die „Vier Mächte", dass das Grundgesetz **der** Bundesrepublik Deutschland, nicht mit den Prinzipen des Vertrages übereinstimmt. Damit ist das GG von den „Vier Alliierten" offenkundig für jeden für **nichtig** und auch für **rechtswidrig** erklärt worden.

Denn in der **Verfassung** und Vertrag steht und darauf wird erneut Bezug genommen:

in Bezug auf Deutschland

und Gott sei Dank besitzt Deutschland eine Verfassung vom 30.05.1949 in der auf die Alliierten Vorbehalte in Artikel 24 Bezug genommen wird. Aufgrund dieser Tatsache können die alliierten Vorbehalte mit dem 03. Oktober 1990 vollständig aufgehoben werden.

Im Auszug:
Art. 24.
Eigentum verpflichtet. Sein Gebrauch darf dem Gemeinwohl nicht zuwiderlaufen. Der Mißbrauch des Eigentums durch Begründung wirtschaftlicher Machtstellung zum Schaden des Gemeinwohls hat die entschädigungslose Enteignung und Überführung in das Eigentum des Volkes zur Folge.

36

Die Betriebe der Kriegsverbrecher und aktiven Nationalsozialisten sind enteignet und gehen in Volkseigentum über. Das gleiche gilt für private Unternehmungen, die sich in den Dienst einer Kriegspolitik stellen.

Alle privaten Monopolorganisationen, wie Kartelle, Syndikate, Konzerne, Trusts und ähnliche auf Gewinnsteigerung durch Produktions-, Preis- und Absatzregelung gerichtete private Organisationen sind aufgehoben und verboten.

Damit wäre eine, aus kriminellen Vereinigungen bestehende BRD von heute auf morgen existenzlos. Natürlich ist diese Verfassung überholungsbedürftig, indem insbesondere der Absatz 3 reformiert werden müßte. Denn ohne eine freiberufliche Volkswirtschaft geht es nun auch nicht. Aber die Monopole wie z.B. Stromlieferanten wären sofort zu zerschlagen, ebenso Telekom, Post usw.
Wozu natürlich auch die privatrechtliche <u>S</u>öldner und <u>S</u>chlägertruppe gehört.

§ 52 BBG
(1) <u>Der Beamte dient dem ganzen Volk</u>, **nicht einer Partei**. Er hat seine Aufgaben unparteiisch und gerecht zu erfüllen und bei seiner Amtsführung auf das Wohl der Allgemeinheit bedacht zu sein.

Wie immer häufiger festzustellen ist, hat das Volk mittlerweile genau denen zu dienen und nicht umgekehrt. Also diesen „Beamteten“ und den nicht wählbaren, kriminellen Vereinigungen, sprich Parteien die sich <u>als oberste Dienstherren</u> ausgeben.

Nun wird ein Einschub notwendig:

Denn zwischenzeitlich wurde die demokratische Verfassung für ganz Deutschland am 18. März 1949 zum zweiten Male durch Bekanntmachung veröffentlicht. In dieser wird mit Verweis auf Art. 13 DV klar dargelegt, wer wählbar ist und wer nicht.

Art. 13. DV
Vereinigungen, die die demokratische Gestaltung des öffentlichen Lebens auf der Grundlage dieser Verfassung satzungsgemäß erstreben und deren Organe durch ihre Mitglieder bestimmt werden, sind berechtigt, **Wahlvorschläge** für die Volksvertretungen der Gemeinden, Kreise und Länder einzureichen.

Wahlvorschläge für die Volkskammer dürfen nur die Vereinigungen aufstellen, die nach ihrer Satzung die demokratische Gestaltung des staatlichen und gesellschaftlichen Lebens der **gesamten Republik** erstreben und deren Organisation das **ganze Staatsgebiet** umfasst.
[29.01.1933 - 31.12.1937 < > 08.05.1949 Deutschland]

Mit dem Inkrafttreten der Deutschen Verfassung am 30.05.1949 sind alle Parteien die am 20. September 1945 nach dem Reichs- Wahlgesetz von 1920 zugelassen worden sind, ungültig. Denn die eingeforderte **Staatlichkeit Deutschlands** ist mit dieser Verfassung vollendet.

Art. 144. Alle Bestimmungen dieser Verfassung sind unmittelbar geltendes Recht.
Entgegenstehende Bestimmungen sind aufgehoben. Die an ihre Stelle tretenden, zur Durchführung der Verfassung erforderlichen Bestimmungen werden gleichzeitig mit der Verfassung in Kraft gesetzt. Weitergeltende Gesetze sind im Sinne dieser Verfassung auszulegen. **Die verfassungsmäßigen Freiheiten und Rechte können nicht den Bestimmungen entgegengehalten werden, die ergangen sind und noch ergehen werden, um den Nationalsozialismus und Militarismus zu überwinden und das von ihnen verschuldete Unrecht wiedergutzumachen**. Die vorstehende, vom Deutschen Volksrat unter Beteiligung des gesamten Deutschen Volkes......

Rheinland Pfalz

Artikel 140 [Wiedergutmachung und Grundrechte]
Die verfassungsmäßig anerkannten Freiheiten und Rechte können nicht den Bestimmungen entgegengehalten werden, die ergangen sind oder vor dem 1. Januar 1950 noch ergehen werden, um den Nationalsozialismus und den Militarismus zu überwinden und das von ihm verschuldete Unrecht wiedergutzumachen.

Artikel 141 [Vorrang der künftigen Deutschen Verfassung vor der Landesverfassung]
Bestimmungen dieser Verfassung, die der künftigen Deutschen Verfassung widersprechen, treten außer Kraft, sobald diese rechtswirksam wird.

Also, nach Abs. 1 des Art. 13 DV könnte ein Politclown als Wahlvorschlag geltend gemacht werden, sofern dessen Vereinigung nach Abs. 2 das ganze Staatsgebiet umfassen würde, nur ist dieses in Anbetracht der schon existieren 18 einzelnen Glied-Staaten, die jeweils ein eigenes Staatsgebiet und dazu noch eine eigenständige Staats- sprich Landesverfassung besitzen schon nicht mehr möglich. Einfach ausgedrückt der Art. 13 DV ist für die kriminellen Vereinigungen sprich Parteien gleichzusetzen mit Freitag der 13te.

Der **D- Day** aller Parteien.

Wie es auch der Artikel 38 GG in der dazugehörenden Analogie beweist:

Artikel 38 [Wahl]

(1) **Die Abgeordneten** des Deutschen ~~Bundes~~tages werden in allgemeiner, unmittelbarer, freier, gleicher und geheimer Wahl gewählt. Sie sind Vertreter des ganzen Volkes, **an Aufträge und Weisungen ~~nicht~~ gebunden** und ~~nur~~ ihrem Gewissen unterworfen.

Tatsächlich wählen Sie **keine Personen als Abgeordnete**, sondern immer nur:
kriminelle Vereinigungen mittels eines arglistig herbeigeführten **Volksentscheides**, getarnt als **Kommunal-, Land- und Bundestagswahlen**. In einem Bundestag der BRD finden Sie ausschließlich, immer nur die **nicht** wählbaren Mitglieder/-innen der Parteien vor.

Die [Art.] **13** **plus** **24** ergeben **1937** auf das hier auch Bezug genommen wird. Infolge dessen sind sämtliche Parteien ungültig und agieren somit rechtswidrig, strafbewehrt und unter falscher Flagge segelnd.

Denn die Militärgesetzgebung vom 18. Sept. 1944 schließt alles (Art. 1) **ab dem 30.01.1933** aus. Dementsprechend tritt nun der umgekehrte Fall in Kraft, alles was bis zum **29.01.**1933 Gültigkeit besaß, wurde auf Deutschland „Deutsches Reich" ab dem 08.05.1945 übergeleitet, wozu auch der Versailler Vertrag gehört.

Das Einzige, aufgrund der Umbenennung:

Deutsches Reich **nach Deutschland** „Deutsches Reich" ist das Staatsrecht das die Weimarer Verfassung darstellte. Diese ist am 08.05.1945 außer Kraft getreten und wurde durch die neue demokratische Verfassung für ganz Deutschland ersetzt.

Da diese Politkriminellen sich die Länder schon zu eigen gemacht hatten, wurde die Gebietsverfassung von den „Drei Mächten" eingefordert. Dazu wurde auch das Gebietsverfassungsgesetz welches es in der BRD als Betrie<u>bsverfassungsg</u>esetz gibt, mit dem man nach einer Personenstandwahl die Mitglieder in den Betriebsrat wählt, auf den Weg gebracht.

Dass ein gesondertes „Betriebs**verfassungs**gesetz" nicht benötigt wird, geht schon aus der Glied-Staatsverfassung von Rheinland-Pfalz hervor. Ein einfaches Gesetz wie sich Betriebsräte zusammensetzen und deren Funktionen regeln reicht hierbei vollkommen aus.

Das Gebietsverfassungsgesetz gehört zur Gebietsverfassung der German Federal Republic, welche am 08.05.1949 durch einen parlamentarischen Rat verabschiedet und welche von den „Drei Mächten" mit Schreiben vom 12.05.1949 genehmigt wurde. Mit Verweis auf Punkt 2 dieses Schreibens hat nach Art. 144.1 das deutsche Volk dieses provisorische „Basic Law" = Grund-Gesetz, also die Gebietsverfassung

(Art.23 Geltungsbereich) zu ratifizieren. Dadurch entsteht erst das vereinigte Wirtschaftsgebiet.

Innerhalb eines **vereinigten Wirtschaftsgebietes**, welches aus den drei Besatzungszonen und den Regierungsbezirken gleich Gebiete besteht,

gibt es kein Staatsvolk.

Denn, zu dem Wirtschaftsgebiet gehört die Personalwirtschaft. (s. Personal – Ausweis) und das „Betriebs-" gleich Gebietsverfassungsgesetz.
In diesem Zusammenhang, kann somit auch keine Landes- ,Reichs- gleich Bundesgesetzgebung Gültigkeit erlangen.

„Drei Mächte" Schreiben [12.05.1949]
8. Um die Möglichkeit zukünftiger Rechtsstreitigkeiten auszuschalten, möchten wir klarstellen, dass wir bei der Genehmigung **der Verfassungen für die Länder [1946/47] bestimmten**, dass nichts in diesen Verfassungen als Beschränkung der Bestimmungen der Deutschen Verfassung [30.05.1949] ausgelegt werden kann. <u>Ein Konflikt</u> zwischen den Länderverfassungen und der <u>vorläufigen</u> **Gebiets-Verfassung** [08.05.1949] muss daher zugunsten der <u>letzteren</u> [DV] entschieden werden. [zur Hilfe eingefügt]

Beachten Sie dazu auch unter Allgemeines S. 110:
Bundesrepublik Deutschland Finanzagentur GmbH

44

Was ist ein Gebiet

Nun stellt sich noch die Frage: was ist ein Gebiet?
Auf alle Fälle kein Staat/Land, denn dabei handelt es sich um einen eigenen Glied-Staat mit einer dazugehörenden Verfassung (von 1946/47) die der demokratischen Verfassung nach Art. 1 vollumfänglich unterliegt und somit ausschließlich zu Deutschland (08.05.1945) gehört. (Art. 142 GG alternativ bestätigt diese Aussage)!!

Ein Glied-Staat ist ein Teil von ganz Deutschland. Ein Gebiet hingegen ist immer nur ein Teil des Glied-Staates, sprich Land. Mit der Aussage dass das GG (alternativ) Art. 23 zunächst im Gebiet Gültigkeit hätte, **ist in allen Regierungsbezirken**, (wobei es sich hierbei um die Gebiete eines Staates/Landes handelt) ein Volksentscheid durchzuführen. Diese Gebiete sind in Art. 23 einzutragen. Da die „Länder" eine eigene Staatlichkeit besitzen, sind diese in Artikel 30 aufzuführen.

Aufgrund dieser Tatsachen wurde schon früh das Basic Law sprich Grund Gesetz die Gebietsverfassung vom 08.05.1949, welche mit dem Genehmigungsschreiben vom 12.05.1949 der „Drei Mächte" identisch ist. Es wurde in der Zeit vom 16.05.-22.05.1949 gefälscht und am 23.05.1949 durch Bekanntmachung veröffentlicht als die Alliierten in Paris in Bezug auf Deutschland und „Deutschland als Ganzes" zusammentraten.

Zufälle? NEIN, das ist pure Absicht gewesen. Denn damit haben die politikkriminellen „Nazis" aufgezeigt, **dass der Krieg noch lange nicht vorbei ist**. Nun behauptet eine BRD dass das Grundgesetz im Gebiete (Art. 23) der Länder Gültigkeit haben soll:

Baden, Bayern, Bremen, Groß-Berlin, Hamburg, Hessen, Niedersachsen, Nordrhein-Westfalen, Rheinland-Pfalz, Schleswig-Holstein, Württemberg-Baden und Württemberg-Hohenzollern gemäß:

Art. 144.1 GG
(1) Dieses Grundgesetz bedarf der Annahme durch die Volksvertretungen in zwei Dritteln der deutschen Länder, in denen es zunächst gelten soll.

Wie war das noch?

2. Indem wir die <u>Verfassung genehmigen,</u> damit sie gemäß Artikel 144 (1) **dem deutschen Volke zur Ratifizierung unterbreitet werde,**

… Aufgrund dieser Tatsache die bis heute Bestand hat, sind die „Drei Mächte" auf ihrer sechs Tage Konferenz in London zu dem Beschluss gekommen, dass ein Basic Law („Grund Gesetz"), eine Gebietsverfassung zu erarbeiten sei, die in einer, durch das deutsche Volk einberufenen Nationalversammlung oder durch Volksentscheid verabschiedet werden soll. Wie man aus den zugehörigen Dokumenten erkennen kann, wird eine Verfassung von den rechtswidrigen und kriminellen Landesfürsten abgelehnt, mit der Begründung das es ausreichend sei, wenn die Länder darüber abstimmen würden.
Parteien und deren Mitglieder sind nicht wählbar.
Hierbei stellt sich jetzt schon die nächste Frage, was machen diese kriminelle Vereinigungen sprich Parteien, in den Landtagen? Das ist schon mehr als nur ein Verfassungsbruch.

Es kann jetzt schon der Nachweis erbracht werden, dass der Artikel 144.1 rechtswidrig und strafbewehrt zum Nachteil des deutschen Volkes und der dazugehörenden rechtmäßigen Abgeordneten ausgetauscht wurde.
Art. 144.1 GG

(1) ~~Dieses Grundgesetz bedarf der Annahme durch die Volksvertretungen in zwei Dritteln der deutschen Länder, in denen es zunächst gelten soll.~~

<u>Die alias BRD besitzt keine Länder und, soll nur aus einem vereinten Wirtschaft**gebiet** bestehen.</u>

Artikel 78 [Gliederung des Landes]
<u>(1) Das Land Rheinland-Pfalz umfasst die Bezirke Koblenz, Montabaur, Rheinhessen und Trier und die Pfalz.</u>

Es handelt sich hierbei um 5 **Regierungs**bezirke gleich Gebiete aus denen der Glied-Staat besteht. Es wären somit nach der Gebietsverfassung und dem dazugehörenden Gebietsverfassungsgesetz 5 Gebietsregierungen nach der Personenstandwahl zu wählen. Also, genauso wie Sie in den Betrieben einen Betriebsrat wählen.

6. Wir sind fünftens der Auffassung, dass Artikel 84, Absatz 5, und Artikel 87, Absatz 3, **dem Volk** sehr weitgehende Befugnisse auf dem **Gebiet** der Verwaltung geben. Die Hohen Kommissare werden der Ausübung dieser Befugnisse sorgfältige Beachtung schenken müssen, um sicherzustellen, dass sie nicht zu **einer übermäßigen Machtkonzentration** führen.
8. Um die Möglichkeit zukünftiger Rechtsstreitigkeiten auszuschalten, möchten wir klarstellen, das wir bei der Genehmigung **der Verfassungen für die Länder bestimmten,** dass nichts in diesen Verfassungen als

Beschränkung der Bestimmungen der **Deutschen Verfassung*** ausgelegt werden kann. Ein Konflikt zwischen den Länderverfassungen und der **vorläufigen Gebietsverfassung** muß daher zugunsten der letzteren entschieden werden.

Die dazugehörenden vier Schreiben finden Sie in englischer Sprache unter

www.staat-deutschland.de

Damit wird klargestellt, daß die Landesverfassungen in Kraft zu bleiben haben, wobei die schon vorherrschenden Politkriminellen, sich die **Gebiete** nicht zu Eigen machen können. Denn eine Machtansammlung findet in der Regel immer nur in Parteien statt.

Die getarnte „NSDAP" …

**Schauen wir uns einmal die Gebiets-Verfassung
Kontra Grundgesetz an>>**

Artikel 23 GV
Diese Verfassung gilt zunächst im **Gebiete**:
[Aufzählung der **Regierungsbezirke** gleich **Gebiete**
eines Landes].
In den anderen Gebieten Deutschlands ist es nach
deren Beitritt in Kraft zu setzen.

Artikel 30 GV
Die Ausübung der staatlichen Befugnisse und die
Erfüllung der staatlichen Aufgaben ist Sache der
Länder Baden, Bayern, Bremen, Groß-Berlin,
Hamburg, Hessen, Niedersachsen, Nordrhein-
Westfalen, Rheinland-Pfalz, Schleswig-Holstein,
Württemberg-Baden und Württemberg-Hohenzollern,
soweit diese Verfassung keine andere Regelung trifft
oder zuläßt.

Artikel 142 GV
Ungeachtet der Vorschrift des Artikels 31 bleiben
Bestimmungen der Landesverfassungen, **der Länder
in Artikel 30** auch insoweit in Kraft, als sie in
Übereinstimmung mit den Artikeln 1 bis 18 die
Gebietsgesetze der Verfassung gewährleisten.

Artikel 31 GV Gebietsrecht bricht Landesrecht.

„Drei Mächte" Schreiben im Auszug Punkt 8:

Ein Konflikt zwischen den Länderverfassungen und der **vorläufigen Gebiets-Verfassung** muß daher zugunsten der letzteren entschieden werden.

Artikel 23 GG
Dieses Grundgesetz gilt zunächst im Gebiete **der Länder** Baden, Bayern, Bremen, Groß-Berlin, Hamburg, Hessen, Niedersachsen, Nordrhein-Westfalen, Rheinland-Pfalz, Schleswig-Holstein, Württemberg-Baden und Württemberg-Hohenzollern. In den anderen Teilen Deutschlands ist es nach deren Beitritt in Kraft zu setzen.

Artikel 30 GG
Die Ausübung der staatlichen Befugnisse und die Erfüllung der staatlichen Aufgaben ist Sache **der Länder [Aufzählung fehlt,** diese finden wir oben in **Art. 23 wieder],** soweit dieses Grundgesetz keine andere Regelung trifft oder zuläßt.

Aufgrund der bestehenden Staatlichkeit der Länder, kann ein Grundgesetz nicht im Lande in Kraft treten, wie es der Art. 23 suggeriert. Infolge dessen würden die Staats- sprich Landesverfassungen außer Kraft gesetzt, die in Kraft zu bleiben haben [Art. 142 GG].

Artikel 31 GG „Reichs-" gleich Bundesrecht bricht Landesrecht.
In der Analogie dazu:

Artikel 13 Reichsrecht bricht Landesrecht

52

[Weimarer Verfassung] Die Aussage „Reich" wurde gegen „Bund-, Bundes" ausgetauscht und die Zahl 13 nur umgedreht und, zu der 31 im „GG" gemacht.

Artikel 118 GV
Punkt 8 des „Drei Mächte" Schreibens

Ein vierter Vorbehalt bezieht sich auf die Artikel 29 und 118 und die allgemeinen Fragen der Neufestsetzung der Ländergrenzen. Abgesehen von Württemberg-Baden und Hohenzollern hat sich unsere Haltung in dieser Frage, seitdem wir die Angelegenheit mit Ihnen am 2. März besprochen haben, nicht geändert. Sofern nicht die Hohen Kommissare einstimmig eine Änderung dieser Haltung beschließen, sollen die in den genannten Artikeln festgelegten Befugnisse nicht ausgeübt werden <u>und die Grenzen aller Länder</u> **mit Ausnahme von Württemberg-Baden und Hohenzollern** bis zum Zeitpunkt des Friedensvertrages, so wie sie jetzt festgelegt sind, bestehen bleiben.

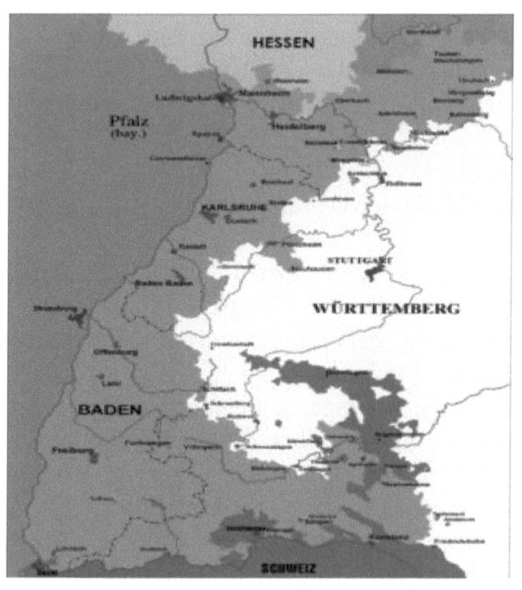

Artikel 118 GG
[Neugliederung von Baden und Württemberg]
Die Neugliederung, in dem die Länder Baden, Württemberg-Baden und Württemberg-Hohenzollern umfassenden **Gebiete,** kann abweichend von den Vorschriften des Artikels 29 durch Vereinbarung der beteiligten Länder erfolgen. Kommt eine Vereinbarung nicht zustande, so wird die Neugliederung durch Bundesgesetz geregelt, das eine Volksbefragung vorsehen muß.

Artikel 29.

(1) Das Bundesgebiet ist unter Berücksichtigung der landsmannschaftlichen Verbundenheit, der geschichtlichen und kulturellen Zusammenhänge, der wirtschaftlichen Zweckmäßigkeit und des sozialen Gefüges durch Bundesgesetz neu zu gliedern. Die Neugliederung soll Länder schaffen, die nach Größe und Leistungsfähigkeit die ihnen obliegenden Aufgaben wirksam erfüllen können.

Interessanterweise, obwohl Länder mit Verfassungen existieren, die nicht außer Kraft gesetzt werden können. Soll, sowie es der Art. 29 suggeriert durch Neugliederung noch weitere Länder, obwohl schon 18 in Zentral Deutschland existieren, geschaffen werden.

Artikel 118 steht im Widerspruch zu der getätigten Aussage der „Drei Mächte". Von Baden und Württemberg ist keine Rede, sondern ausschließlich nur von **Württemberg-Baden und Hohenzollern.**

Artikel 127 GG

Die Bundesregierung kann mit Zustimmung der Regierungen der beteiligten Länder Recht der Verwaltung des Vereinigten Wirtschaftsgebietes, soweit es nach Artikel 124 oder 125 als Bundesrecht fort gilt, innerhalb eines Jahres nach Verkündung dieses Grundgesetzes in den Ländern Baden, Groß-

Berlin, Rheinland-Pfalz und Württemberg Hohenzollern in Kraft setzen.

Eine Bundesrepublik Deutschland besitzt keine Länder. Infolge dessen, kann diese auch kein „GG" in den Ländern aufgrund deren Eigenstaatlichkeit in Kraft setzen.

Deutsche Verfassung
30. Mai 1949 -/- 07. Oktober 1949

Art. 144. DV

Alle Bestimmungen dieser Verfassung sind unmittelbar geltendes Recht. Entgegenstehende Bestimmungen sind aufgehoben. Die an ihre Stelle tretenden, zur Durchführung der Verfassung erforderlichen Bestimmungen werden gleichzeitig mit der Verfassung in Kraft gesetzt. Weitergeltende Gesetze sind im Sinne dieser Verfassung auszulegen.

Die verfassungsmäßigen Freiheiten und Rechte <u>können nicht den Bestimmungen entgegengehalten werden</u>, die ergangen sind und noch ergehen werden, **um den Nationalsozialismus und Militarismus** zu überwinden und das von ihnen verschuldete Unrecht wiedergutzumachen.

Artikel 139 GG
[Fortgelten der Vorschriften über Entnazifizierung]
Die zur »Befreiung des deutschen Volkes vom **Nationalsozialismus und Militarismus** ««** <u>erlassenen Rechtsvorschriften werden von den Bestimmungen</u> dieses Grundgesetzes nicht berührt.

Schon interessant, dass bis heute niemanden aufgefallen ist, dass allem, was in Anführungszeichen steht, wozu auch diese Zeichen » ««« gehören, eine völlig andere Bedeutung beigemessen werden muß. Darüber hinaus, befindet sich hinter dem Wort

Militarismus ein Leerzeichen mit einem Doppel Pfeil
»«. Dadurch wird dieses noch besonders betont.

Lesen Sie die Aussage einmal korrekt:

<u>Die erlassenen Rechtsvorschriften</u> werden von den
Bestimmungen dieses Grundgesetzes nicht berührt.

In Anbetracht einer BRD, die eine rechtswidrige
Parallelwelt darstellt, müssen Sie schon zwei- besser
dreigleisig denken.

Basic Law

Gebiets Gesetz	08.05.1949	(Verfassung)
Grund Gesetz	23.05.1949	
Reichs Gesetz	**23.03.1933**	**[Art. 1933]**

Wie bis hierher unschwer erkannt werden kann, haben
die „Parteien" sich über alles hinweg gesetzt und
halten an einem „Nazi Reich" fest, obwohl
Deutschland ab dem 08.05.1945 als **Reich** identisch
mit diesem ist. Erklären sich zu demokratischen
Parteien, wobei es sich hierbei nur um die rechtswidrig
getarnte „NSDAP" handelt und boykottieren die:

**Staatsverfassung
der Deutschen Demokratischen Republik** [30.05.1949],
vom 07. Oktober 1949

Artikel 1 **Deutschland ist eine unteilbare demokratische Republik**

die Glied- Staats- sprich Landes- Verfassungen, der deutschen Länder

Artikel 80 [Landtagswahl]

(1) Die Abgeordneten werden nach den Grundsätzen einer mit der **Personenwahl** verbundenen Verhältniswahl gewählt.

Sie fälschen anschließend noch eine **Gebiets- Verfassung** („Grundgesetz") **zu ihren Gunsten**, so dass das deutsche Volk unter gar keinen Umständen eine **Personenwahl** durchführen kann.

In Anbetracht all dieser Umstände, ist es nicht verwunderlich wenn Hochkriminelle zu folgenden Erklärungen kommen:

Adenauer:
"Wir sind **keine Mandanten** des deutschen Volkes, wir haben den Auftrag von den Alliierten" Zitiert nach Prof. Dr. Hans Herbert von Arnim in "Die Deutschlandakte" S. 17

59

Wer nicht wählbar ist, kann auch kein Mandant des deutschen Volkes sein, denn er hat auch nicht den Auftrag der Alliierten, sondern wird nur geduldet als angeblich gewählt.

Joschka Fischer, ehemaliger Außenminister:
"Wenn die Mehrheiten sich verändern, mag es eine andere Koalition geben. Aber es wird keine andere Politik geben. Dazu steht zu viel auf dem Spiel. Das wissen alle Beteiligten"
Richtig Joschka, denn dann würdet Ihr Politkriminellen endlich eurer gerechten Strafe zugeführt. So, wie es Trittin und Schäuble einst schon, für wen auch immer eingefordert haben, wäre eine „Entfernung" Eurer „Kaste" tatsächlich eine einfache Lösung.

Horst Seehofer, bayerischer Ministerpräsident, bei Erwin Pelzig, 20. Mai 2010:
„Diejenigen die entscheiden sind **nicht gewählt** und diejenigen die gewählt werden **haben nichts** zu entscheiden!"

Seehofer bestätigt somit genau das, was hier geschieht und kritisiert wird.
Sigmar Gabriel, SPD-Vorsitzender auf dem Sonderparteitag in Dortmund, 27. Februar 2010:
„Wir haben gar keine Bundesregierung – Frau Merkel ist Geschäftsführerin einer neuen Nichtregierungsorganisation in Deutschland."

Von welchem Deutschland Gabriel hier wohl spricht, siehe:
NS – Reichs-Parteien oder hier:

Auszug aus der BRD UN Note A 45 567 mit der Aussage

„Germany" in Anführungszeichen

Dass diese echt ist, beweist der Eintrag im UN Jahrbuch von 1990 auf Seite 124.

Dass die Alliierten mit kriminellen Vereinigungen nichts zu tun haben wollten, dürfte nun klar sein. Denn wer nicht wählbar ist, und selber erklärt man habe kein Mandat des deutschen Volkes, sollte doch erst feststellen, was staatsrechtlich machbar ist, bevor er sich mittels einer rechtsbrechenden Partei in einer als Volksentscheid getarnten Wahl aufstellen läßt.

Machen wir einen erneuten Sprung, diesmal zurück nach 1952 – 55

In Anbetracht der Umstände und dass zwischen Deutschland und den Okkupationsmächten immer noch kein Friedensvertrag bestehe, bot Stalin an, ganz Deutschland wieder zu vereinigen, wobei dieser Staat dann neutral zu sein hätte.

In diesem Zusammenhang **fordert Adenauer die Wiederherstellung des Deutschen Reiches, wie es 1937 bestanden hat ein**. Ein Ansinnen, das die „Drei Mächte" vollumfänglich zurückgewiesen haben. Nach eingehender Prüfung verschiedener Unterlagen, kann festgestellt werden, dass die „Drei Mächte" jedoch nicht abgeneigt waren Stalins Angebot anzunehmen, falls nach der deutschen Verfassung Wahlen durchgeführt würden. Die „Drei Mächte" halten mit Verweis auf die Gebietsverfassung an derselben fest, auch dann, wenn diese nicht durch das deutsche Volk ratifiziert worden ist. Da keine Einigung möglich war revidierte Stalin seine Note nach BR-D-DR. **Infolge dessen betrachteten Adenauer und Konsorten das als Störmanöver, mit dem die ehem. Sowjetunion den Beitritt der BRD zur EVG verhindern wolle**. So wird es berichtet, doch es entspricht nicht der Wahrheit.

Denn in der „Deutschen Demokratischen Republik" die nach Artikel 1 Deutschland darstellt, das sich auf seinen Ländern aufbaut, wurden diese in Mitteldeutschland, aufgrund der fehlenden

Gesamtstaatlichkeit von (Zentral) Deutschland, kurzerhand außer Kraft gesetzt.
Übrig blieben nur noch die Regierungsbezirke gleich Gebiete.

Die DDR gab sich 1955 per Gesetz ein eigenes Staatswappen und bestätigte es 1968 in ihrer zweiten Verfassung: "...Hammer und Zirkel, umgeben von einem Ährenkranz, der im unteren Teil von einem schwarzrotgoldenen Band umschlungen ist." Nach dem offiziellen Verfassungskommentar sollte dies "das Bündnis der Arbeiterklasse, der Genossenschaftsbauern und der Intelligenz" symbolisieren.

1958 wurde zu einem Volksentscheid aufgerufen, mit der Frage:

Beitritt zur EVG, oder 50 jähriges Besatzungsrecht

Angeblich sollen sich die deutschen Bürger/innen für ein weiter bestehendes Besatzungsrecht ausgesprochen haben. Bedenkt man, dass die Einheitspartei SED nichts anderes darstellte, als den „nationalsozialistischen Sondermüll" der BRD, hatte auch diese kein Interesse an einem Zusammenschluß, welcher von den BRD Konsorten begrüßt worden wäre.
Seit 1959 fügte sie dieses Wappen in ihre Flagge ein, um auch dadurch ihre Eigenstaatlichkeit gegenüber der Bundesrepublik zu betonen.

Also blieb man geteilt, in den linken und rechten
Flügel der „NSDAP".

1952 wurde nicht nur der Deutschlandvertrag mit der
rechtswidrig entstandenen „Bundesrepublik
Deutschland" geschlossen, sondern auch gleichzeitig
ein Überleitungsvertrag aus (Krieg u. Besatzung) in
Bezug auf Deutschland. Dieser Deutschlandvertrag
wurde erst 1955 durch das französische Parlament,
nach einer geringfügigen Änderung endgültig
ratifiziert.

Auch hier gilt der Grundsatz:

Falls Übersetzungen in die deutsche oder irgendeine
andere Sprache gemacht werden,

so gilt immer der englische Wortlaut.

Der Überleitungsvertrag [Krieg und Besatzung]
besteht aus zwei Verträgen in einem:

Teil 1, Artikel 1
    Die Organe der [Federal] = Volks Republik
    und der Länder sind gemäß ihrer im Basic Law
    festgelegten Zuständigkeit befugt, von den
    Besatzungsbehörden erlassene
    Rechtsvorschriften aufzuheben oder zu ändern,

sofern im Vertrag über die Beziehungen zwischen der
Bundesrepublik Deutschland und den Drei Mächten
oder in den in dessen Artikel 8 aufgeführten

Zusatzverträgen nichts anderes bestimmt ist. Bis zu einer solchen Aufhebung oder Änderung bleiben von den Besatzungsbehörden erlassene Rechtsvorschriften in Kraft. Vom Kontrollrat erlassene Rechtsvorschriften dürfen weder aufgehoben noch geändert werden.

Rechtsvorschriften, durch welche die vorläufigen Grenzen der [Federal] = Volks Republik festgelegt worden sind,

> oder die nach anderen Bestimmungen des Vertrags über die Beziehungen der **Bundesrepublik Deutschland** und den Drei Mächten oder der Zusatzverträge in Kraft bleiben, dürfen nur mit Zustimmung der Drei Mächte geändert oder aufgehoben werden.

Da nur Deutschland Länder besitzt, können somit auch nur die Organe, die nach dem Personenwahlrecht gewählt worden sind (beispielsweise Sie oder ich), als tatsächliche Volksvertreter auftreten und Rechtsvorschriften der „Drei Mächte" aufheben oder ändern. Einer Bundesrepublik Deutschland die zwar teilidentisch mit Deutschland ist, ist dieses untersagt worden. Ansonsten wären die getätigten Aussagen widersprüchlich.

Dass die BRD-Politeska schon hier mit doppeltem Boden arbeitete, dürfte mit Verweis auf den teilsuspendierten Überleitungsvertrag vom 27. September 1990 klar sein. In diesem Vertrag steht:

Teil 1, Artikel 1
Die Organe der Bundesrepublik (?) und der Länder
sind gemäß ihrer im Grundgesetz festgelegten
Zuständigkeit befugt, von den Besatzungsbehörden
erlassene Rechtsvorschriften aufzuheben oder zu
ändern,
Falls Übersetzungen in die deutsche oder irgendeine
andere Sprache gemacht werden,

so gilt immer der englische Wortlaut.

Die Teilsuspendierung am 27. September 1990 betrifft
nur die Federal Republik **of** Germany, die keine
Identität mit der „Bundesrepublik Deutschland"
aufweist. Diese ist mit der Teilsuspendierung, die
Gültigkeit am 03. Oktober 1990 erhalten hat, damit
erloschen.

Die „Drei Mächte" halten auch weiterhin an einer:

Federal Republic of Germany

fest. Beweis:
Ihr Personal – Ausweis. Das hat solange Bestand, wie
diese Parteien weiterhin an einem „Nazi Reich" alias
Bundesrepublik „Deutschland" festhalten und nicht
durch deutsche Bürger/- innen mittels Personenwahl
ersetzt werden.

1956 wurde das Saarland über den Saar Vertrag zu
Deutschland zurückgegliedert und entgegen des
bestehenden Verbotes [Überleitungsvertrag], das sich
nur gegen eine BRD richtete, zu einem Land einer
Bundesrepublik Deutschland erklärt.
In dem besagten Artikel 23 der den Geltungsbereich
dieses Grundgesetzes einer „Bundesrepublik
Deutschland" darstellen soll, ist das Saarland nie
eingetragen worden. Auch im Textnachweis fehlt
jeglicher Nachweis über den Beitritt eines Saarlandes.

7	Ergänzungsgesetz	19.03.1956	I S. 111	1, 12, 36, 49, 60, 96, 137	geändert
				17a, 45a, 45b, 59a, 65a, 87a, 87b, 96a, 143	eingefügt
8	Gesetz zur Änderung und Ergänzung des Art. 106	24.12.1956	I S. 1077	106	geändert
Saarland		**01.01.1957**	**I S. 1011**		**??**
9	Gesetz zur Einfügung eines Art. 135a in das Grundgesetz	22.10.1957	I S. 1745	135a	eingefügt
10	Ergänzungsgesetz	23.12.1959	I S. 813	74	geändert
				87c	eingefügt
11	Gesetz zur Einfügung eines Artikels über die Luftverkehrsverwaltung in das Grundgesetz	06.02.1961	I S. 65	87d	eingefügt
12	Zwölftes	06.03.1961	I S. 141	96a	geändert

Was wir, aber feststellen können ist:

Artikel 1

Aufhebung des Gesetzes
über die Eingliederung des Saarlandes

(101-2)

Das Gesetz über die Eingliederung des Saarlandes in der im Bundesgesetzblatt Teil III, Gliederungsnummer 101-2, veröffentlichten bereinigten Fassung wird aufgehoben.

Aufhebung des
Gesetzes zur Einführung
von Bundesrecht im Saarland

(101-3)

Das Gesetz zur Einführung von Bundesrecht im Saarland in der im Bundesgesetzblatt Teil III, Gliederungsnummer 101-3, veröffentlichten bereinigten Fassung wird aufgehoben.

Artikel 3

Aufhebung des
Gesetzes über Ermächtigungen
zum Erlass von Rechtsverordnungen

(103-1)

Das Gesetz über Ermächtigungen zum Erlass von Rechtsverordnungen in der im Bundesgesetzblatt Teil III, Gliederungsnummer 103-1, veröffentlichten bereinigten Fassung wird aufgehoben.

Stand Dezember 2010
Das Saarland gehört nun wieder zu Deutschland, Reichs = Bundesrecht der >Bundesrepublik< „Deutschland" besitzt seit Dezember 2010 keine

Gültigkeit mehr im Saarland, demzufolge kann Reichs = Bundesrecht auch keine Gültigkeit in den anderen deutschen Gliedstaaten haben, in denen die deutschen Staatsverfassungen von 1946/47 aus Vergangenheit wie Gegenwart Gültigkeit besitzen.

Wir machen nun einen Sprung nach 1968

Aus **Deutschland** als unteilbarer Republik wurde nach Artikel 1 die Deutsche Demokratische Republik, ein sozialistischer Staat deutscher Nation. Die Kurzbezeichnung änderte sich von „DDR" nach „s-DDR" natürlich wurde dies bei den kriminellen Vereinigungen sprich Parteien und deren dazugehörenden westlichen Propaganda Medien nicht berücksichtigt.

Wir finden nun schon zwei Bedeutungen vor:
„DDR" und „s-DDR"

Beides mag dem Anschein nach gleich sein, ist aber **nicht** identisch und doch spricht man von einer Teilidentität mit Deutschland. Das kann so nicht sein, denn Deutschland als demokratische Republik baut sich nach Art. 1 auf seinen Ländern auf, eine s-DDR baut sich auf Bezirke/Gebiete auf.

Dasselbe Problem findet sich auch bei einer >Bundesrepublik< „Deutschland". Auf was will diese sich aufbauen? Länder kann sie nicht besitzen, denn die gehören alle zu **Deutschland** und unterliegen auch der demokratischen Verfassung für Ganz Deutschland vom 30.05.-/- 07.10.1949.

Was dementsprechend nur durch Volksentscheid Gültigkeit erlangen kann, ist eine Gebiets-Verfassung.

Wir finden überall Bestätigungen, dass es eine >Bundesrepublik< „Deutschland" nicht gibt bzw. nicht geben kann.

Was ist denn nun diese
Bundesrepublik Deutschland?

Sie besitzt keine Identität:

mit	**Deutschland** „Deutschland als Ganzes"
mit einer	German Federal Republic
und nicht mit einer sprich	Federal Republic **of** Germany Volks Republik **von** Deutschland

Wir können bis hierher feststellen das wir eine BRD kennen oder „glauben" diese zu kennen. Alles rund um Deutschland wird aber von der „BRD" und den darin agierenden kriminellen, politischen Vereinigungen und deren gekauften Medien völlig ausgeblendet. Alle sprechen von Deutschland nur kennt keiner dieses Deutschland auch wirklich und es wird völlig ignoriert.

Die UN Note der BRD A 45 567 gibt darüber Aufschluß um welches Deutschland es sich handelt, auf das **bis heute** eine **Federal Republic of Germany,** alias Bundesrepublik Deutschland, seit mehr als nur 60 Jahren Bezug nimmt. Es sollte immer im Gedächtnis bleiben, dass aus der Bundesrepublik Deutschland urplötzlich eine Federal Republic **of** Germany wird und somit **zwei verschiedene** Bedeutungen vorliegen.

„Germany" in Anführungszeichen ist das rechtswidrig fortgesetzte, nationalsozialistische Deutsche Reich wie es 1937 bestanden hat.

Eine Federal Republic **of** Germany, wird zu keiner Zeit Bezug nehmen auf „Germany", wobei das die Bundesrepublik „Deutschland" sehr wohl getan hat. Das Eine ist als „**von** Deutschland" dargestellt und das Andere gibt sich als die getarnte Deutsche Republik alias Bundesrepublik Deutschland aus.

Dass diese zwei unterschiedlichen Objekte nur schwer zu unterscheiden sind, haben wir den Politkriminellen einer **BRD** und ihren nicht wählbaren Parteien zu verdanken. Letztlich handelt es sich hierbei um das ....

„Nazi Deutschland" vom 31.12.1937

Dass das Deutschland des Volkes ab dem 08.05.1949 einfach ignoriert wird, dürfte nun offenkundig sein. Die einzige, bleibende Identität ist die Staatsgrenze von 1937. Deutschland selbst besteht aus einzelnen Gliedstaaten.

Eine Bundesrepublik Deutschland kann keine Identität nachweisen. Trotzdem wird so weiter gemacht wie bisher. Dabei will das polit**oktroyierte** BVG **der BRD** eine Teilidentität festgestellt haben. Das ist schon erstaunlich. Denn dem mündigen Bürger wird dabei verschwiegen, dass die politkriminellen Parteien gegen den Artikel 142 handeln. Dabei lassen sie sich auch noch von dem BVG nach §129 Abs. 2 Satz 2 Strafgesetzbuch vor einer möglichen Strafverfolgung schützen. Man hat kurzerhand die Glied-Staats- sprich Landesverfassungen von 1946/47 der deutschen Staaten gegen Verfassungen ausgetauscht in dem man sich nun mehr als ein Land der BRD ausgibt. Dazu gehören:

~~Baden, Bayern, Bremen, Groß-Berlin,~~ ~~Hessen,~~ ~~Rheinland-Pfalz~~,

Hamburg, Niedersachsen, Nordrhein-Westfalen, Schleswig-Holstein, Württemberg-Baden und Württemberg-Hohenzollern und, später 1957 das Saarland wie vorab schon erwähnt.

Die BRD hat sich somit Länder verschafft die sie überhaupt nicht besitzen kann, das ist ein mehrfacher Verfassungsbruch. Dass die angeblich höchsten Verfassungsrichter hier keinen Widerspruch eingelegt haben ist völlig klar. Welche Krähe hackt schon der anderen ein Auge aus. Und auch das Adenauer Fernsehen (ZDF, übrigens eine GmbH) erklärt (Werbung), dass man mit dem „rechten" Auge besser sehen würde. Eine GmbH kassiert von der GEZ … wobei diese GEZ selber eine GmbH ist und auch noch angeblich öffentlich-rechtlich sein soll…

Also der Art. 23 GG vom 23.05.1949 kann somit schon vom ersten Tage an keine Gültigkeit besessen haben, und aus welchem Grund sollte eine BRD dann

Verfassungsbruch begehen wenn dieser Artikel Gültigkeit besessen hätte.

Mit welcher tatsächlichen kriminellen Energie man hier in der Zeit vom 16-22.05.1949 vorgegangen ist, läßt sich auch anhand des Art. 29 a.F. feststellen:

Wir finden vor, <u>dass eine Neugliederung Länder schaffen soll</u>, ungeachtet dessen, dass schon Länder existieren und deren Verfassungen in Kraft zu bleiben haben. Diese Länder sind:

Hamburg, Niedersachsen, Nordrhein-Westfalen, Schleswig-Holstein, Württemberg-Baden und Württemberg-Hohenzollern und, später 1957 das Saarland
Außerdem wurden sie nachweislich nicht neugegliedert, man hat einfach nur so getan und die Original Verfassungen kurzerhand gegen BRD Verfassungen ausgetauscht. Interessanterweise kann demzufolge auch keine BRD seit dem 23.05.1949 existiert haben, denn Schleswig Holstein hatte noch keine Deutsche Verfassung und erklärte sich im November 1949 als erstes Land zur BRD gehörig. Hier könnte höchstens das Territorialprinzip Anwendung gefunden haben.

Wenn ein Staat **keine Länder** hat und sich diese erst später rechtswidrig und strafbewehrt aneignet, kann und konnte das GG auch zu keiner Zeit von irgendwelchen Ländern einer **Bundesrepublik** in Kraft gesetzt werden bzw. überhaupt Anwendung finden.

Denn wie heißt es sinngemäß:

ein parlamentarischer Rat will am 23.05.1949 festgestellt haben, **also 15 Tage später**, daß er ein am 08.05.1949 beschlossenes GG …. durch Bekanntmachung veröffentlicht.

Wozu bedurfte es dann noch der angeblichen Beratungen zwischen dem 16.05. und 22.05.1949 wenn es sich hierbei um dasselbe GG handeln soll, das die „Drei Mächte" genehmigt haben.

Natürlich kann ein korrumpiertes BVG nunmehr von einer Teilidentität ausgehen, denn es befindet sich schließlich auf BRD Boden.

Gesetz über den Sitz des Bundesverfassungsgeri

Vom 4. Mai 1951.

Der Bundestag hat das folgende Gesetz be-schlossen:

§ 1

Das Bundesverfassungsgericht hat seinen Sitz vor-erst in Karlsruhe.

Nr. 20 vom 05.05.1951, Seite 288.pdf

Die Aussage in §1 <u>vorerst</u>:

besteht aus 85 Synonymen in 10 Synonymgruppen.

Also, handelt es sich hierbei erneut um eine „Larifari Aussage", oder anders, dieses BVG hat sich zu keiner Zeit irgendwie konstituiert. Die dazugehörende, tatsächliche, konstituierende Bekanntmachung fehlt vollständig. Selbst das Gewohnheitsrecht findet hier keine Anwendung:

Gewohnheitsrecht entsteht – vereinfacht dargestellt – nicht durch ein förmliches Rechtsetzungsverfahren, sondern durch länger dauernde, stetige, allgemeine und gleichmäßige Übung (*longa consuetudo*), die von den Beteiligten als rechtsverbindlich anerkannt wird (*opinio iuris*). Gewohnheitsrecht leitet sich also nicht vom geschriebenen Recht ab, sondern tritt als dessen Konkurrent auf. Fehlt die opinio iuris, handelt es sich um eine bloße Gewohnheit, **die allein kein Recht schaffen kann**.

In diesem Zusammenhang braucht man sich auch nur die schwammigen, nichts sagenden Urteile eines BVG einmal näher anzuschauen. In jedem „Urteil" finden sich jede Menge Querverweise auf andere „Urteile". Prüft man diese auf ihren Inhalt, stellt man schnell fest dass es sich hierbei nicht um die beklagte Sache handelt, sondern um einen Irrgarten, bei dem man irgendwann bei Adam und Eva herauskommt. Ein konkret abgeschlossenes Urteil werden Sie von diesem Berufs-Verdummungsgericht nicht erwarten können, denn was nicht konstituiert ist, kann demzufolge auch nur Thesen [Märchen] zum Besten geben.

Dass dies der Fall ist, beweist auch das Schreiben der „Drei Mächte" vom 12.05.1949 in dem steht:

Ein vierter Vorbehalt bezieht sich auf die Artikel 29 und 118 und die allgemeinen Fragen der Neufestsetzung der Ländergrenzen. Abgesehen von Württemberg-Baden und Hohenzollern hat sich unsere Haltung in dieser Frage, seitdem wir die Angelegenheit mit Ihnen am 2. März besprochen haben, nicht geändert. Sofern nicht die Hohen Kommissare einstimmig eine Änderung dieser Haltung beschließen, sollen die in den genannten Artikeln festgelegten Befugnisse nicht ausgeübt werden und die Grenzen **aller Länder** <u>mit Ausnahme von Württemberg-Baden und Hohenzollern</u> **bis zum Zeitpunkt des Friedensvertrages, so wie sie jetzt festgelegt sind, bestehen bleiben.**

Eine klare Aussage. Dieses Schreiben wurde dem dazugehörenden Volk nur zu keiner Zeit vorgelegt, denn dann gäbe es diese BRD mit Sicherheit überhaupt nicht. Ungeachtet dessen wurde der Art. 118 umgeschrieben und infolge dessen wurde auch gleich Baden von einer BRD rechtswidrig okkupiert. Damit dieses nicht auffällt nennt man sich seit diesem Tag Baden – Württemberg und es hat den Anschein, als wenn es sich hierbei um 2 Gliedstaaten handeln würde. Tatsache ist auch hier wieder, dass man sich über Art. 127 u. Art. 142 in Verbindung mit der Aussage der drei Mächte, nicht nur über das Volk in Nazi Manier hinweggesetzt hat.
Die BRD arbeitet ausschließlich daran das Nazi-Reich wieder herzustellen, koste es, was es wolle. Dass dabei der Politeska und deren Helfershelfern nichts heilig ist,

beweist auch die Bekanntmachung vom 16.10.1990 in der steht:

dass der Einigungsvertrag nach seinem Artikel 7 rückwirkend am 29.09.1990 in Kraft getreten sei. Die Finanzverfassung Art. 7 eV der Bundesrepublik Deutschland soll auf das in Artikel 3 genannte **Gebiet** erstreckt werden, soweit in diesem Vertrag nichts anderes bestimmt ist.

Interessanterweise finden wir in Artikel 3 [7] keine **Gebiete** sondern nur <u>Länder.</u>

Beachten Sie hierbei auch die „[Geheimschrift]" der „Alt - Nazis".

Artikel 3 Inkrafttreten des Grundgesetzes
Mit dem Wirksamwerden des Beitritts ....
.... in den Ländern Brandenburg, Mecklenburg-Vorpommern, Sachsen, Sachsen, Anhalt und Thüringen sowie in dem Teil des Landes Berlin, in dem es bisher nicht galt, mit sich ergebenden Änderungen in Kraft, soweit in diesem Vertrag nichts anderes bestimmt ist.

Wir haben vorab feststellen können, das es eine DDR gab die auf der Verfassung der Deutschen Demokratischen Republik fußte und nach

Art. 1 Deutschland ist,
im weiteren Verlauf finden wir eine DDR die sich auf dieselbe Verfassungsaussage beruft und nach:

Art. 1 eine [sozialistische] Deutsche Demokratische Republik ist.

Im ersten Moment ist nicht feststellbar welche Deutsche Demokratische Republik überhaupt gemeint ist, da wir nun zwei mit einer identischen Aussage vorfinden. Nun will man in dieser 68er s-DDR Länder gegründet haben, und diese selber hätte am 27.09.1990 mit Wirkung vom 03.10.1990 ihre Staatlichkeit beendet. Damit ist nicht nur die s-DDR sondern auch die darin befindlichen, angeblich neuen Länder schon wieder erloschen, übrig bleibt nunmehr nur noch … richtig

Deutschland ist eine unteilbare demokratische Republik.

Diese ist der BRD nach Art. 1 dieses Einigungsvertrages aber nie beigetreten und deren Länder sind nicht Länder einer BRD geworden.

Der eingeschobene Art. 143 erklärt nun erneut:

Artikel 143 } = 1943
[Geltungsdauer von Abweichungen]
> (1) Recht in dem in Artikel 3 des Einigungsvertrags genannten **Gebiet** kann längstens bis zum 31. Dezember 1992 von Bestimmungen dieses Grundgesetzes abweichen, soweit und solange infolge der unterschiedlichen Verhältnisse die völlige Anpassung an die grundgesetzliche Ordnung noch nicht erreicht werden kann.

Statt die Anpassung der Finanzverfassung durchzuführen, wurden auch hier entgegen von Art. 142 und Art. 143 die Originalverfassungen gegen Verfassungen einer BRD ausgetauscht. Ungeachtet dessen, dass dies rechtlich nicht möglich ist. Die Arglist besteht darin, dass der Bürger ganz einfach im Unklaren gelassen wird, was Recht ist und was nicht Recht ist. Das Verhalten aller Parteien zielt darauf ab, das Volk dumm zu halten. Einerseits hat die BKM vom 16. Oktober 1990 keine Gültigkeit, dann aber findet man diese als rückwirkend vor und es wird so getan, als wenn man nicht gewußt hätte, dass die „DDR" der BRD am 03.10.1990 beigetreten wäre.
Dass man hierbei auf Art. 7 verweist, zeigt, dass **dieser Volksbetrug** schon vorher geplant war, denn man fürchtete sich insbesondere vor der Abrechnung durch das deutsche Volk. Interessanterweise lässt sich der Verweis auf Art. 3 eV 52-mal **[S. 62 - 1952 Stalin Noten]** im Einigungsvertrag nachweisen, der nur aus 45 Artikeln } = 1945 besteht.

Die Wenigsten wissen, dass nicht nur der besagte Art. 7 alle vorangegangen Artikel automatisch mit einschließt. Jedes Gesetz beginnt schließlich mit Artikel / Paragraph 1.

Mit jeder Unterbrechung eines Gesetzes endet dieses auch. Beispiel:
Art. 22 da der Art. 23 **angeblich** aufgehoben wurde. Ab hier kann nur noch über Art. 19 zitiert werden. Aus

diesem Grunde wurden auch die Länder Deutschlands in die Präambel eines „Grundgesetzes" einer vermeintlichen Bundesrepublik „Deutschland"
verlagert. Aber nicht nur das, denn die angebliche Aufhebung des Art. 23 (Geltungsbereich) hat überhaupt nicht stattgefunden, es wird nur der Eindruck erweckt, als wenn es so wäre, denn das was man präsentiert, ist nicht das „Grund Gesetz" einer Federal Republik **of** Germany, sondern das „GG" von „Deutschland" in Anführungszeichen.
Eine Änderung dieses „Grundgesetzes" ist nicht möglich und trotzdem sollte noch eine völlig fremde Gesetzgebung eingefügt werden die nicht durch Volksentscheid bestätigt wurde. Dadurch ist das GG als Ganzes vollständig erloschen. Zu allem Überfluß steht auch noch im Geleitwort des GG Jan. 2007, dass es sich hierbei um eine **politische Verfassung** handeln würde.

Man könnte es auch ein **neues Ermächtigungsgesetz** nennen. Hauptsache das dumme deutsche Volk bekommt keine Nase daran, oder hinterfragt es einmal richtig. Seit dem Beitritt der DDR 1990 (??) ist das Bundeswappen der alten Bundesrepublik Deutschland das staatliche Symbol des wiedervereinten Deutschlands gleich „Weimarer Republik" obwohl man zweifelsfrei und offenkundig für alle mit der UN Note A 45 567 auf:

„Deutschland"

bedeutet das Deutsche Reich wie es **am** <u>31.12.1937</u> **bestanden hat**, verweist.

Alleine aufgrund dieser Tatsachen wären die angeblichen **deutschen** Staatsanwaltschaften schon dazu verpflichtet alle politkriminellen Vereinigungen mit ihren Helfershelfern dingfest zu machen. Da es sich um BRD Staatsanwaltschaften handelt, kann man von denen, die selbst Helfershelfer sind, auch kein demokratisches Recht erwarten.
Dafür wird im Gegensatz dazu nach „Nazi-Manier" der tatsächliche, mündige deutsche Staatbürger gegängelt wo es nur geht.

Nehmen wir einmal an Sie fahren ein Auto mit der Bezeichnung Bundes, der Typ ist Republik, dazu brauchen Sie nun Grundreifen. Also werden Sie Ihren Auto- oder Reifenhändler aufsuchen und ihm erklären das Sie den Grundreifen vom 23.05.1949 benötigen. Ihr Händler wird nun den Kopf schütteln und Ihnen mitteilen, daß das Auto Bundes Typ Republik schon 52-mal geändert worden sei. Weiter erklärt Ihr Händler, sobald sich an Ihrem Fahrzeug etwas geändert hat und dabei ist egal um welches Produkt [Artikel] es sich handelt, gilt es als Neu und wird als Neufahrzeug verkauft. Sie müßten sich jetzt schon entscheiden welchen Grundreifen Sie tatsächlich benötigen, denn der vom 23.05.1949 war ein Prototyp und ist nie in Produktion gegangen und die 52-maligen Änderungsvorschläge existieren zwar, besitzen dennoch keine Gültigkeit, da der Prototyp nie gebaut wurde. Und der tatsächliche Grundreifen vom 08.05.1949 paßt nicht auf Ihr Fahrzeug.

Ihnen wird nur noch der Weg zum Schrottplatz übrig bleiben.

Denn jede Änderung an diesem „Grundgesetz" bedarf des Volksentscheides und genau diesen fürchten, diese Parteien mehr als den Teufel.

Aus diesem Grund steht auch in jedem dieser „GG" einer BRD, dass es vom 23.05.1949 wäre, also kann auch nur dieses für eine BRD Gültigkeit besitzen, denn ansonsten müßte auf eine mögliche Änderung auch offenkundig Bezug genommen werden.
Da das aber nicht der Fall ist, denn es wird immer auf das Grundgesetz für eine Bundesrepublik Deutschland **vom 23.05.1949 Bezug** genommen, haben alle Änderungen auch **keine** Gültigkeit erlangt.

Wäre es anders, dann müßte hier jeweils stehen:
Das Grundgesetz für eine Bundesrepublik Deutschland vom 23. Mai 1949 – 03.Oktober 1990

Militärgesetzgebung Deutschland
Nr. 52 VII e

e) „Deutschland" bedeutet das Deutsche Reich wie es am 31. Dezemberb1937 bestanden hat.

Artikel VIII - Strafen
10. Jeder Verstoß gegen die Vorschriften dieses Gesetzes wird nach Schuldigsprechung des Täters durch ein Gericht der Militärregierung nach dessen Ermessen mit jeder gesetzlich zulässigen Strafe, einschließlich der Todesstrafe geahndet.

Das Widerstandsrecht besitzt somit Rechtskraft.

Die „Nazis" und Nostradamus

wobei letzter nichts mit den Nazis zu tun hat. Denn dieser wird nur benutzt aufgrund der Tatsache, dass die „Alt- u. neu Nazis" aus seinen Büchern erlesen haben wollen, Das DE das neue „1000 jährige" Reich darstellen soll. Natürlich findet man auch das wohl weltbekannte Kürzel AH vor. Selbst dem Autor der gewagten These über Nostradamus ist hierbei ein Fehler unterlaufen. Zu 50% ist korrekt was geschrieben steht, zu 50% ist es falsch und dennoch muss man das meiste glauben. Es handelt sich hierbei zwar um eine merkwürdige Aussage, aber in Anbetracht der Lage ist diese auch berechtigt.
Lesen Sie das „GG" doch einmal richtig und, das mit Verweis auf die Aussage:

doppelte Bedeutung und mehrfach Berechnung

Die beiden Artikel 18 und 19 des GG ergeben die Zahl 37. Diese verweist mit Bezugnahme auf die 19 auf 1937. Wir finden vor:

Art.		20	Die Bundesrepublik. Erweitern wir dieses nun korrekt mit einer 19 zu:
	19	20	Die Deutsche Republik

Artikel 31 GG Bundesrecht bricht Landesrecht.

Das Gegenstück dazu finden wir in der **Weimarer Verfassung** unter:

Artikel 13 WV Reichsrecht bricht Landesrecht

Die Aussage Artikel ist nur hinderlich, also lassen wir diese weg. Die Differenz zwischen 13 und 31 beträgt 18, infolge dessen gehören die ersten 18 Artikel nicht zu diesem getarnten „Grundgesetz". Uns interessiert eigentlich nur die 13, denn das „Naziregime" war nicht demzufolge 12 sondern 13 Jahre an der Macht, sowie es den Anschein hat. Natürlich werden Sie dem Widersprechen, nur dieses Problem wurde auch schon in der gesamten These zugrunde gelegt, aber ganz einfach nicht verstanden. Zählen wir doch einfach mal nur die Jahre:

1933	1937	1941
1934	1938	1942
1935	1939	1943
1936	1940	1944
		1945

Wir finden 13 Jahre vor. 1920 + 13 ergibt dann 1933, ist doch so korrekt. Schauen wir uns nun einmal dieses getarnte GG in Ruhe an:
Wir finden vorab schon den Hinweis dass Bezug genommen wird, auf die 1937. Wie vorab nachgewiesen werden konnte, wurde die Aussage „Reich" gegen „Bund" ausgetauscht. In der dazugehörenden Analogie müssen wir nur noch etwas

88

denken … und das zweigleisig, einmal mit >> 12 und 13 Jahren. Das „GG" beinhaltet eine doppelte Bedeutung:

>> **Art**	**1946** **146** 1946 -13		Dieses Grundgesetz verliert seine Gültigkeit an dem Tage, an dem eine Verfassung in Kraft tritt, die von dem deutschen Volke in freier Entscheidung beschlossen worden ist. Wurde der Verfassungsentwurf der Deutschen Demokratische Republik auf den Weg gebracht. Nach Art. 1 ist Deutschland die demokratische Republik.
	1933		**[NSDAP] Adolf Hitler** 24. März 1933 Reichs-Ermächtigungsgesetz
Art **.**	133		Das „Reich" gleich „Bund" tritt in die Rechte und Pflichten der Verwaltung des Vereinigten Reichs- gleich Bundes- und Wirtschaftsgebietes ein.

>>	**1945**		Reichsoberhaupt Dönitz
Art	**145**		(1) Der Parlamentarische Rat stellt in öffentlicher Sitzung unter Mitwirkung der Abgeordneten Groß-Berlins die Annahme dieses Grundgesetzes fest, fertigt es aus und verkündet es.
>>	-12		
	1933		**[NSDAP] Adolf Hitler** 24. März 1933 Reichs-Ermächtigungsgesetz
>>	**1944**		Militärgesetzgebung Deutschland
Art	**144**		„Drei Mächte" Schreiben
>>	**1943**		
Art	**143**		s. Einigungsvertrag (S. 62)
	-13		
	1930		Auflösung des Reichstages durch Reichspräsidenten Paul von Hindenburg Bei den Reichs-Tagswahlen des Jahres 1930 wird die NSDAP zweitstärkste Partei
Art	130		
>>	**1942**		Vorbehalt zu Gunsten
Art	**142**		landesrechtlicher Grundrechte
>>	**1941**		**-12 Art. 129**
Art	**141**		(1) Soweit in Rechtsvorschriften,

Art	**-13** **1928** **128**		die als „Reich" = Bundesrecht fortgelten, eine Ermächtigung zum Erlasse von Rechtsverordnungen oder allgemeinen [usw.]
>> **Art** **Art**	**1940** **140** -13 1927 127		-12 Art. 128
>> **Art** **Art**	**1939** **139** -13 1926 126		**-12 Art. 127** Die erlassenen Rechts-Vorschriften werden von den Bestimmungen dieses Grund-Gesetzes nicht berührt.
>> **Art** **Art**	**1938** **138** -13 1925 125		**-12 Art. 126** Hindenburg wird Reichspräsident
>> **Art** **Art**	**1937** **137** -13 1924 124		**-12 Art. 125** Recht, das Gegenstände der konkurrierenden Gesetzgebung des „Reiches" = Bundes betrifft, wird innerhalb seines Geltungsbereiches Bundesrecht.

>>	**1936**		**-12 Art. 124**
Art	**136**		
	-13		
	1924		
Art	123		
	1935		**-12 Art. 123**
Art	**135**		
	-13		
	1922		
Art	122		
	1934		**-12 Art. 122**
Art	**134**		
	-13		
	1921		
Art	121		
	1933		**-12 Art. 121**
Art	**133**		**[NSDAP] Adolf Hitler**
	-13		24. März 1933
	1920		Reichs- Ermächtigungsgesetz
Art	120		
	1932		**-12 Art. 120**
Art	**132**		
	-13		
	1920		
Art	120		

Das ist ein Teil des „Grundgesetz" einer in deutscher Sprache geschriebener Bundesrepublik „Deutschland".

Natürlich wurde vor gar nicht langer Zeit, das 60 jährige Bestehen einer BRD groß und breit gefeiert, vermutlich von der Annahme ausgehend, dass die Haager Landkriegsordnung in Kraft treten würde. Aber Nazis sind hohl, denn sie haben immer noch nicht begriffen, dass der Krieg schon lange aus ist. In Anbetracht dessen zetteln diese einen neuen in Sachen Europa an. Natürlich zu Lasten des restlichen deutschen Volkes, denn Ostdeutschland hat dieser „politische Abschaum" schon auf dem Gewissen. Wir brauchen mit Verweis auf die 60 Jahre nicht mehr sehr weit zu suchen.

Addieren wir zu Art. 20 weitere 60 Artikel hinzu, dann finden wir alle:

NS Reichs = Bundeskanzler, Minister und sonstiges Politverbrechervolk wieder.

Denn, wie es oft so ist, kommt auch der Zufall zur Hilfe.

Die Systematik

ist bis **heute verworren**. Zwar hat der westdeutsche „Gesetzgeber" zu Beginn der 1980er Jahre ein Staatshaftungsgesetz verabschiedet, das am 1. Januar 1982 in Kraft trat; dieses wurde jedoch durch das Bundesverfassungsgericht bereits am 19. Oktober 1982

…

mangels Gesetzgebungskompetenz des „Reiches" = Bundes

… für **verfassungswidrig** erklärt. Inzwischen ist das Grundgesetz zwar dementsprechend ergänzt worden, konkrete Bemühungen um eine Neuordnung des Staatshaftungsrechts hat es in den letzten Jahren jedoch nicht gegeben.

Das einseitige Denken findet auch hier vollumfänglich statt, wenn wir uns nur folgendes in Erinnerung rufen:

===

Die Deutsche Demokratische Republik gehört **zu Deutschland** und kann im Verhältnis zur Bundesrepublik Deutschland **nicht als Ausland** angesehen werden.
Quelle: http://www.servat.unibe.ch/dfr/bv036001.html

Demzufolge ist die Bundesrepublik Deutschland [23.05.1949] mit allem was dazu gehört Ausland.

===

Wenn also, ein Hauseigenes BVG erklärt, dass die BRD Ausland ist, wo dem „Reich" = Bund die Gesetzgebungskompetenz fehlt, dann kann dieser weder Vergangenheit wie Gegenwart Gesetze erlassen. Infolge dessen, da das eine grundsätzlich das andere ausschließt, kann dieser auch kaum ein „Grundgesetz" ändern. Darüber hinaus bestätigt sich das BVG selber, dass es zu keiner Zeit konstituiert werden konnte:

Gesetz über den Sitz des Bundesverfassungsgerichts.

Vom 4. Mai 1951.

denn selbst dieses Gesetz besitzt dann keine Gültigkeit.

Horst Seehofer, bayerischer Ministerpräsident, bei Erwin Pelzig, 20. Mai 2010:

„Diejenigen die entscheiden sind **nicht gewählt** und diejenigen die gewählt werden **haben nichts** zu entscheiden!"

Dazu auch ein paar gravierende Beispiele:

Nach diesem „GG" und **Artikel 78**
[Zu-Stande-Kommen der Gesetze]
Ein vom **Bundestage** beschlossenes Gesetz kommt zustande, wenn der **Bundesrat** zustimmt, den Antrag gemäß Artikel 77 Abs. 2 nicht stellt, innerhalb der Frist des Artikels 77 Abs. 3 keinen Einspruch einlegt

oder ihn zurücknimmt oder wenn der Einspruch vom Bundestage überstimmt wird.

Alleine schon aufgrund von Artikel 78 sind alle Gesetze dieses Bundes- Kasperl- Theater rechtsunwirksam und damit ungültig.

Denn nur der jeweils dazugehörende:

Bundestags-   Präsident
Bundesrats-   Präsident und
Bundes-   Präsident

wären somit zeichnungsbefugt. **Immer vorausgesetzt das es tatsächlichen einen Souverän gibt**. Der Bundesrats-Präsident muß auch dann seine Unterschrift geben, wenn geschrieben steht, dass die Rechte des Bundesrates gewahrt seien.

Das „Ermächtigungsgesetz" - mit einer erdrückenden Mehrheit von 441 Ja- gegenüber 94 Nein-Stimmen angenommen - macht den **Reichs- [Bundes] tag** <u>überflüssig und legt sowohl Legislative als auch Exekutive</u> **in die Hand der Regierung**. Die Gewaltenteilung der Weimarer Verfassung ist damit aufgehoben. Auf der Grundlage dieses Gesetzes werden am **31. März 1933** die Länderparlamente gezwungen, sich selbst aufzulösen und nach den Ergebnissen der letzten Reichstagswahlen neu zu konstituieren. Sie werden „gleichgeschaltet". An die

96

Stelle der parlamentarischen Ministerpräsidenten treten dem „Führer" verpflichtete „Reichsstatthalter". Die föderale Struktur des deutschen Reiches ist damit abgeschafft und durch eine zentralistische Staatsform abgelöst.

Artikel 80 GG 23.05.1949

[Erlaß von Rechtsverordnungen]
(1) Durch Gesetz können die „Reichs" = **Bundesregierung**, ein „Reichs" = **Bundesminister** oder die „Reichs" = **Landesregierungen** ermächtigt werden, Rechtsverordnungen zu erlassen. Dabei müssen Inhalt, Zweck und Ausmaß der erteilten Ermächtigung im Gesetze bestimmt werden. Die Rechtsgrundlage ist in der Verordnung anzugeben. Ist durch Gesetz vorgesehen, das eine Ermächtigung weiter übertragen werden kann, so bedarf es zur

Im Geleitwort [Stand Jan. 2007] steht geschrieben:

dass es sich bei dem „GG" um eine **unangefochtene politische** Verfassung, dementsprechend ein sich somit auch selbst gegebenes Ermächtigungsgesetz handelt, welches nur auf der Grundlage des schon bestehenden Reichs-Ermächtigungsgesetzes vom März 1933 entstanden ist. Das dürfte somit nun endlich **offenkundig** nachgewiesen sein.

Denn die BRD als solche, die ausschließlich aus **nicht** wählbaren, demzufolge kriminelle Vereinigungen besteht, ignoriert, jegliche Gesetzgebung bis auf eine einzige und das ist:

Artikel 80 GG 23.05.1949

[Erlaß von Rechtsverordnungen]

In Anbetracht dessen hat **ein vermeintlicher Bundestag und Bundesrat keine Mitwirkungsrechte,** denn nach Artikel 80 GG in Verbindung dem Reichs- Ermächtigungsgesetz vom März 1933 sind nur folgende **Politverbrecher** befugt:

Reichsgesetzblatt 24. März 1933 Nr. 25 i. V. m. Artikel 80 GG 23.Mai.1949

Das vorstehende Gesetz wird hiermit verkündet.

Bonn, den 3. Oktober 1951.

Der Bundespräsident
Theodor Heuss

Der Bundeskanzler
Adenauer

Der Bundesminister der Justiz
Dehler

Reichsgesetzblatt 24. März 1933 Nr. 25 i. V. m.
Artikel 80 GG 23.Mai.1949

Das vorstehende Gesetz wird hiermit verkündet.

Bonn, den 4. Mai 1951.

Der Bundespräsident
Theodor Heuss

Der Stellvertreter des Bundeskanzlers
Blücher

Der Bundesminister des Innern
Dr. Lehr

Reichsgesetzblatt 24. März 1933 Nr. 25 i. V. m.
Artikel 80 GG 23.Mai.1949

Bonn, den 11. Oktober 1990

Der Bundespräsident
Weizsäcker

Der Bundeskanzler
Dr. Helmut Kohl

Der Bundesminister des Auswärtigen
Genscher

Reichsgesetzblatt 24. März 1933 Nr. 25 i. V. m.
Artikel 80 GG 23.Mai.1949

Die verfassungsmäßigen Rechte des Bundesrates sind gewahrt.

Das vorstehende Gesetz wird hiermit ausgefertigt. Es ist im Bundesgesetzblatt zu verkünden.

Berlin, den 18. Oktober 2010

Der Bundespräsident
Christian Wulff

Die Bundeskanzlerin
Dr. Angela Merkel

Die Bundesministerin der Justiz
Sabine Leutheusser-Schnarrenberger

Mit Artikel 80 GG wird die geheuchelte Gesetzgebungskompetenz eines Bundestages und Bundesrates, auch dann vollkommen unterlaufen, wenn es sich hierbei um nicht wählbare Parteien handelt. Beides ist somit nur eine Farce.

Es kann somit auch nur eine Firma ... und Auto mit der Bezeichnung Bundes der Typ ist Republik alias Bundesrepublik Deutschland welche als Finanzagentur GmbH ... eine Bekanntmachungserlaubnis benötigt, geben.

Ein „paar" Bilder ....

Quelle: www.google.de [Hitler Gruß] Bilder

Hitlergruß ausnahmslos strafbar - OLG Oldenburg vom 06.07.2010

Das Strafgesetz stellt jeden Gebrauch von NS-Kennzeichen, wozu auch der Hitlergruß gehört, unter Strafe. Auf die mit einem Hitlergruß verbundenen Absichten kommt es deshalb nicht an. Daher macht sich auch derjenige strafbar, der in der Öffentlichkeit den Hitlergruß zeigt, um andere zu provozieren. Der Gesetzgeber hat jeden Gebrauch von NS-Kennzeichen unter Strafe gestellt, um diese aus dem öffentlichen Erscheinungsbild zu verbannen. Der Straftatbestand des § 86a StGB verlangt daher keinen politischen Hintergrund der Tat.

Quelle:
Urteil des OLG Oldenburg vom 06.07.2010
Aktenzeichen: 1 Ss 103/10
Pressemitteilungen des OLG Oldenburg

Wir sind wieder bei Deutschland angelangt.

Mit der UN Note vom 03. Oktober 1990 und der darin befindlichen Aussage „Germany" hat man indirekt klargestellt, dass der Krieg noch lange nicht vorbei sei. Es wird zwar Demokratie geheuchelt, aber was für „Demokraten" sind das? Das deutsche Volk der souveränen, demokratischen Republik Deutschland hat das Recht auf Widerstand und da Abhilfe nur schwer möglich ist, sollte man diese „Demokraten" aller Couleur entmachten und aus dem Verkehr ziehen. Insbesondere Staatsanwälte mit deren zugehöriger Bruder- und Schwesternschaft sollten einem ehrlichen Streßtest unterzogen werden.

Die **kirchliche Inquisition** läßt grüßen.

Deutschland ist Staat
und eine demokratische Republik, die sich auf ihren Ländern aufbaut.

Deutschland ←

18. September 1973

Die Deutsche Demokratische Republik und die Bundesrepublik Deutschland wurden am 18. September 1973 Mitglieder der Vereinten Nationen. ~~Durch den Beitritt der Deutschen Demokratischen Republik zur Bundesrepublik Deutschland~~ am 3. Oktober 1990 haben sich die beiden deutschen Staaten **vereinigt** und **bilden einen souveränen Staat**. ←

Quelle: http://www.unric.org/de/pressemitteilungen/4116

Gegenwärtig sind wir auch weiterhin ein geteiltes Land, denn eine Bundesrepublik „Deutschland" [UN Note A 45 567] ist im Verhältnis zu Deutschland, **Ausland.**

Der souveräne Staat Deutschland bestand am 03. Oktober 1990 aus folgenden Glied-Staaten sprich Ländern:
Baden, Bayern, Bremen, Berlin, Hessen, Rheinland-Pfalz, Brandenburg, Mecklenburg-Vorpommern, Sachsen, Sachsen, Anhalt und Thüringen

Nachdem man die Originalverfassungen der 5 deutschen Gliedstaaten, in Verfassungen der Bundesrepublik „Deutschland" gewandelt hat, statt die Finanzangleichung auf dem gesamten **Gebiet** durchzuführen, verbleiben somit auch weiterhin:

Baden, Bayern, Bremen, Berlin, Hessen, Rheinland-Pfalz und seit Dezember 2010 gehört auch das **Saarland** wieder zu Deutschland.
Die Verfassung finden Sie unter:
www.staat-deutschland.de

Die vorstehende, vom Deutschen Volksrat unter Beteiligung des gesamten Deutschen Volkes erarbeitete und am 19. März 1949 beschlossene, vom Dritten Deutschen Volkskongreß am 30. Mai 1949 bestätigte und durch Gesetz der provisorischen Volkskammer vom 7. Oktober 1949 in Kraft gesetzte

Verfassung der Deutschen Demokratischen Republik wird hiermit verkündet.

Berlin, den 7. Oktober 1949

Verfassung der Deutschen Demokratischen Republik vom 7. Oktober 1949

Präambel

Von dem Willen erfüllt, die Freiheit und die Rechte des Menschen zu verbürgen, das Gemeinschafts- und Wirtschaftsleben in sozialer Gerechtigkeit zu gestalten, dem gesellschaftlichen Fortschritt zu dienen, die Freundschaft mit allen Völkern zu fördern und den Frieden zu sichern, hat sich das deutsche Volk diese Verfassung gegeben.

A. Grundlagen der Staatsgewalt

Art. 1. Deutschland ist eine **unteilbare** demokratische Republik; sie baut sich auf den **deutschen** Ländern auf.

Baden, Bayern, Bremen, Hessen, Rheinland-Pfalz und Saarland

Deutschland besteht gegenwärtig aus 6 deutschen Gliedstaaten, der Rest ist als „Nazi-Germany" zu betrachten. Das sollte schon zu denken geben. Aber auch in den noch vorhandenen deutschen Gliedstaaten sollten das deutsche Volk sich der Politeska und deren Hilfskräfte endgültig entledigen.

108

Denn es wird sauer verdientes Geld zum Fenster hinausgeworfen, es werden Arbeitsplätze mit Billiglöhnern besetzt und eine europäische Gesetzgebung, die nicht durch Volksentscheid bestätigt wurde, greift immer mehr um sich.

Das deutsche Volk hat das Problem, nicht in die Gänge zu kommen.

Aber es ist anzunehmen daß es nicht nur für Europa und die dazugehörende westlichen Welt schon sehr spät ist. Das Jahr 2012 wirft schon sehr lange Schatten voraus.
Das deutsche Volk hat die Möglichkeit, alle Rechte seit dem 30.05.1949 wieder zurück zu bekommen, aber es geschieht

Nichts !!

Der 2+4 Vertrag ist am 03. Oktober 1990 ratifiziert worden und mit der Hinterlegung der letzten Ratifizierungsurkunde am 15. März 1991 durch die ehem. Sowjetunion nach Artikel 9 endgültig bestätigt worden. Mit Wirkung vom 03. Oktober 1990 sind die alliierten Vorbehaltsrechte in Bezug auf Deutschland, ganz Berlin und „Deutschland als Ganzes" vollständig beendet worden. Mit Wirkung vom 03. Oktober 1990 sind die Gebiete einer Bundesrepublik Deutschland, der Deutschen Demokratischen Republik [68er] und ganz Berlin nach Artikel 1 des 2 + 4 Vertrages in das vereinte Deutschland, den daraus resultierenden

Staat Deutschland
als demokratische Republik ein- und untergegangen.

Die Aussage 2 + 4 aus dem Vertrag sollte sich jeder merken!

Die Aussage 2 + 4 aus dem Vertrag sollte sich jeder merken!

**Bekanntmachung
über das Inkrafttreten des Vertrags
über die abschließende Regelung in bezug auf Deutschland**

Vom 15. März 1991

Nach Artikel 2 Abs. 2 des Gesetzes vom 11. Oktober 1990 zu dem Vertrag vom 12. September 1990 über die abschließende Regelung in bezug auf Deutschland (BGBl. 1990 II S. 1317) wird bekanntgemacht, daß der Vertrag nach seinem Artikel 9 sowie die vereinbarte Protokollnotiz zu diesem Vertrag

am 15. März 1991

für Deutschland
und die folgenden Staaten in Kraft getreten sind:

Frankreich

Sowjetunion

Vereinigte Staaten

Vereinigtes Königreich.

Hinterlegt wurden die Ratifikationsurkunden vom vereinten Deutschland am 13. Oktober 1990, von den Vereinigten Staaten am 25. Oktober 1990, von dem Vereinigten Königreich am 16. November 1990, von Frankreich am 4. Februar 1991 und von der Sowjetunion am 15. März 1991.

Bonn, den 15. März 1991

Wußten Sie auch:
dass aufgrund des rechtswidrigen Wechselkurses einer genauso rechtswidrigen und nur geduldeten Bundesrepublik „Deutschland" kurzerhand von den Hauptsiegermächten Amerika und der Sowjetunion, (Rechtsnachfolger die Russ. Föderation) die

Bundesrepublik Deutschland

in die gleichnamige Firma

Bundesrepublik Deutschland
Finanzagentur GmbH gewandelt wurde.

Diese schmückt sich nicht nur selbstsicher mit den Staatsinsignien, sondern deren einziger Gesellschafter ist die BRD, vertreten durch das Bundesfinanzministerium!
An diesem zentralen Knoten laufen alle "Staatsfinanzen" oder sollte man jetzt besser sagen "Firmengelder" zusammen. Auch das Sondervermögen des Bundes wird hier verwaltet. Das ist unser eigentlicher Staat, eine simple GmbH mit einem Haftungskapital von 25.564,59 Euro!

HRB 51411 - 18. Januar 2001: Bundesrepublik Deutschland - Finanzagentur Gesellschaft mit beschränkter Haftung. Palmengartenstraße 5-9, 60325 Frankfurt.
Gegenstand des Unternehmens ist:

112

die Erbringung von Dienstleistungen für das Bundesministerium der Finanzen bei der Haushalts- und Kassenfinanzierung der Bundesrepublik Deutschland und ihren Sondervermögen auf den Finanzmärkten. Hierzu zählen insbesondere Dienstleistungen bei der Emission von Bundeswertpapieren, der Kreditaufnahme mittels Schuldscheindarlehen, dem Abschluß von Swap-Geschäften sowie den Geldmarktgeschäften (Aufnahme und Anlagen) zum Ausgleich des Kontos der Bundesrepublik Deutschland bei der Deutschen Bundesbank.

Sollten Sie immer noch nicht überzeugt sein, wie wäre es mit folgendem:

Deutscher Bundestag
Verfassungsorgan der Bundesrepublik Deutschland
gesetzlicher Vertreter
Prof. Dr. Norbert Lammert, Präsident des Deutschen Bundestages
USt-IdNr. DE 122119035
Quelle:
http://www.bundestag.de/service/impressum/index.html

Der Deutsche Bundestag gibt sich als Verfassungsorgan aus und wird durch einen gesetzlichen Vertreter mit der Umsatzsteuer – **Identifikationsnummer DE 122119035 vertreten.**

Also ist ein Prof. Dr. Lammert der gegenwärtige **Geschäftsführer** einer zu groß geratenen Firma

Bundesrepublik „Deutschland". Er hat auch das Geleitwort zur AGB gleich GG vom Jan. 2007 verfaßt, in dem geschrieben steht, dass dieses „Grundgesetz" eine politische Verfassung sei, ein sich selber gegebenes Ermächtigungsgesetz. In Anbetracht dessen, wäre die Aussage AGB wohl angebrachter.

Bedeutung des Bundesschuldbuchs
Das Schuldbuch wurde bereits im Jahre 1883 eingeführt, um dem Staatsbürger eine verlustsichere und kostengünstige Verwaltung seiner, für eine Daueranlage vorgesehenen Inhaberpapiere zu bieten. Den inzwischen erreichten Stellenwert des Bundesschuldbuchs verdeutlichen die nachfolgend genannten Zahlen (Stand 31.12.2006):

Im Bundesschuldbuch verwahrtes Wertpapiervolumen:
939,0 Mrd Euro davon für:
*Clearstream Banking AG   **922,4 Mrd Euro**
für Privatpersonen   **9,3 Mrd Euro**
für Institutionelle Anleger   **7,6 Mrd Euro**

Im Bundesschuldbuch verwaltete Schuldbuchkonten:
für institutionelle Anleger   **3.000 Konten**
für Privatpersonen   **760.000 Konten**

***Clearstream International S.A.** ist eine im Jahre 2000 aus der Fusion der *Deutsche Börse Clearing AG* (vormals *Deutscher Kassenverein AG*) und *Cedel International* hervorgegangene Abwicklungs- und Verwahrgesellschaft mit Sitz in Luxemburg.

114

Clearstream fungiert auch als Zentralverwahrer für die internationalen Kapitalmärkte und für deutsche und luxemburgische inländische Wertpapiere.

Das Unternehmen ist vollständig im Eigentum der Deutschen Börse AG.

Um Gewerbesteuer zu sparen, beschloß die Deutsche Börse nach Ablauf der 10-jährigen Mindestmietzeit der *Neuen Börse,* den Umzug von Frankfurt in das benachbarte Eschborn. Im Juli 2008 zog daraufhin etwa die Hälfte der in Deutschland ansässigen Mitarbeiter in Übergangsbüroräume in Eschborn. Im Juli 2010 sind dann diese sowie die bisher in der Neuen Börse verbliebenen Mitarbeiter in ein zu diesem Zweck in Eschborn neu gebautes Bürogebäude umgezogen. Dieses wurde von einem Immobilienfonds, des ***Fondshaus Hamburg*, dem *FHH Real Estate 5***, errichtet und finanziert.
Quelle: http://de.wikipedia.org/wiki/Clearstrea
Wertrechte im Effektenverkehr
Zur Begebung einer Wertrechtsemission trägt die Bundesrepublik Deutschland – Finanzagentur GmbH (im Folgenden: Deutsche Finanzagentur) einen bestimmten Nennbetrag der zu begebenden Wertpapierart in das Bundesschuldbuch als Sammelschuldbuchforderung für die Wertpapiersammelbank, Clearstream Banking AG ein. Über den Emissionsbetrag kann die Deutsche Bundesbank zum Zweck des Verkaufs verfügen. Die bei ihr eingehenden Kaufaufträge werden ausgeführt, indem die jeweiligen Beträge buchmäßig auf die

Wertpapiersammelbank – bzw. beim Direktkauf von Bundeswertpapieren bei der Bundesrepublik Deutschland - Finanzagentur GmbH auf das im Kaufauftrag angegebene Schuldbuchkonto – übertragen werden. Mit der Depotgutschrift wird der Wertpapierkäufer Miteigentümer am Sammelbestand oder erhält eine auf seinen Namen eingetragene Einzelschuldbuchforderung bei der Deutschen Finanzagentur.

Wem dieses immer noch nicht reichen sollte, ein paar Bonbons gibt es noch.

Wussten Sie, worauf die Deutsche Mark Bezug nahm und, der Deutsche Euro ab 2002 tatsächlich Bezug nimmt?

1000	DM	----	
500	DM	500	Euro
200	DM	200	Euro
100	DM	100	Euro
50	DM	50	Euro
20	DM	20	Euro
10	DM	10	Euro
5	DM		Euro
2	DM	1x 2	Euro
3x 1	DM	3x 1	Euro
1890		**885**	

Dass der Wechselkurs nicht nach dem **BIP** berechnet wurde.

Dass sich die getarnten „National-Sozialisten" sprich CDU, CD(A)P, CSU, SPD, Grüne (1.Mai), die Linke usw. im Wechselkurs, mit dem die DM vernichtet wurde, verewigt haben?

1,95583

Die letzte Zahl, die 3 wurde von einer 2 aufgerundet.

1,95582

Teilen wir **1,95583 durch 2 dann erhalten wir die Zahl** 0,~~977915~~

Addieren wir nun beide Zahlen zusammen entsteht daraus: **<u>2,933745</u>**

Nun setzen wir das Ganze einmal ohne Komma ein bisschen versetzt zusammen und, bilden Pärchen.
Dann entsteht folgendes:

19 55 83
   82 90
     33 37 45

Der Wechselkurs in seiner vollen Pracht lautet somit:

19 55 82 90 33 37 45

Die Euro-Banknoten tragen folgende Kennbuchstaben, die einen Hinweis auf die zum Druck beauftragte Notenbank geben:

Kennbuchstaben	
Nationale Zentralbank von ...	**Kennbuchstabe**
* Die Banque Centrale du Luxembourg gibt selbst keine Banknotendrucke in Auftrag, sondern bezieht die Banknoten ausschließlich von anderen Notenbanken des Eurosystems.	
Deutschland	**X**

warum wurde Deutschland ein **<u>X</u>** zugewiesen?

Das **X** zeigt in eine bestimmte Richtung und ist die römische Zahl 10. In der Algebra wird **X** auch für eine unbekannte Zahl oder Eigenschaft eingesetzt. Das **X** ist der 24. Buchstabe in unserem Alphabet. Somit hätten wir eine Zugehörigkeit. Wenn wir nun aus der 24 die Quersumme (2+4) = 6 nehmen, könnten wir mathematisch auf **X** = 6 schließen.

Auch hier finden wir einen weiteren Querverweis, denn X ist 10 + 6 wäre damit 16. Teilen wir diese Zahl durch 2 finden wir zweimal die 8, also **88**.

Schauen wir nun in unser Alphabet, finden wir als 6. Buchstaben das **F.** Dieses steht für die Bezeichnung **falsch**!

Wir können nun die Eigenschaft einfügen:

Deutschland	X = 6 = Falsch

Korrekt müsste mit Verweis auf die BRD und UN Note A 45 567, „Deutschland" in Anführungszeichen draufstehen.
Wir könnten somit feststellen, das es sich bei dem deutschen Euro um Falschgeld handelt. Denn die Deutsche Mark konnte nicht, aufgrund mangelnder Gesamtstaatlichkeit, in eine andere Währung, oder durch einen rechtswidrigen Wechselkurs eingetauscht werden. Das einzig mögliche wäre gewesen, die Deutsche Mark 1 zu 1 in Euro zu wechseln.

Nostradamus und Siam, lassen mit der Aussage:
doppelte Bedeutungen und mehrfach Berechnungen
(2+4) grüßen.

Siam bedeutet zu Deutsch: Zwillinge.
Wir finden auf der einen Seite die getarnte

> Deutsche Republik „Deutschland", dies
> bedeutet das Deutsche Reich wie es am
> 31.12.1937 bestanden hat.   Alias
> Deckname
> Bundes Republik Deutschland und,

auf der anderen Seite den international anerkannten
und souveränen National-Staat Deutschland als
demokratische Republik.
Wer von den beiden Zwillingen der erstgeborene ist,
dürfte mit Verweis auf die Militärgesetzgebung
Deutschland v. 18. September 1944 (Nr. 53 VII g)
klargestellt sein. Eine >Bundes Republik
Deutschland< vom 23.05.1949 ist es jedenfalls nicht.

Natürlich werden nun Einige auf die Idee kommen,
dass der 2+4 Vertrag falsch sei, aber dem ist nicht so.
Denn in Doppeldeutigkeit steht eine 2 geschrieben,
was aber einer 1 entspricht:

Nostradamus wäre somit die eine

     1 gleich 2 und

Siam ist somit die weitere

     1 gleich 2

Dieses entspricht dann 2 Bedeutungen und 4 mehrfach Berechnungen und in der Erweiterung entsteht daraus die 8.

Eine 6 als Ergebnis oder die 6 zeiligen Verse die man Nostradamus zuordnet sind somit genauso falsch, wie:

2 = **B**undesrepublik
4 = **D**eutschland

6 = Falsch

8 = <u>H</u>
[10 = J]　　10 = X. = <u>R</u>ömisch
[Qs. 8 + 10]　　= 18　<u>R</u>

Hier könnte das Heilige [junge] römische Reich deutscher Nationen gemeint sein, welches der souveräne National Staat Deutschland als demokratische Republik verkörpert.

Dass die tatsächlichen „HH-Nazis" (zu denen die Politvereinigungen der BRD, sprich Parteien gehören), an dem falschen Reich festhalten, beweist auch die Deutsche Mark. Dass „Nazis" hohl sind, steht außer Frage, das beweist die BRD tagtäglich aufs Neue.

Gefunden im Bundesgesetzblatt …(??)

Bundesgesetzblatt Jahrgang 2007 Teil I Nr. 59, ausgegeben zu Bonn am 29. November 2007

Quelle:
http://www.bgbl.de/Xaver/start.xav?startbk=Bundesanzeiger_BGBl

Artikel 79

Bekanntmachungserlaubnis

Das Bundesministerium der Justiz kann den Wortlaut
des NATO-Truppen-Schutzgesetzes, der Handelsregisterverordnung und des Gesetzes über den Schutz der
Urheberrechte der Angehörigen der Vereinigten Staaten
von Amerika in der vom Inkrafttreten dieses Gesetzes

Überhaupt die Aussage … Bekanntmachungserlaubnis
… Die BRD will doch Staat sein.
Googeln Sie doch ein bisschen:

Handelsregisterverordnung vom **12. August 1937**
(RMBl 1937, 515), die zuletzt durch Artikel 4 Absatz
7 des. Gesetzes vom 11. August 2009 (BGBl. I S.
2713) **...**
http://de.wikipedia.org/wiki/Handelsregisterverordnung

Im Auszug:
Die HRV bildet die verfahrensrechtliche Grundlage für
das Handelsregister, das über wesentliche
wirtschaftliche Verhältnisse von Kaufleuten und
Unternehmen informiert und von jedermann
eingesehen werden kann (§ 8, § 9 HGB). Eintragungen

in das Handelsregister genießen einen umfassenden Verkehrs- und Vertrauensschutz (§ 15 HGB).

Man sollte schon die Militärgesetzgebung Deutschland dazu lesen, dann wird auch ersichtlich, dass die BRD tatsächlich nicht berechtigt war, die Deutsche Mark gegen den Euro auszutauschen und diese BRD auch weiterhin unter dem Okkupationsrecht der „Vier Mächte" steht, demzufolge auch weiterhin als besetzt gilt.

Gesetz Nr. 1
Aufhebung Nationalsozialistischer Gesetze
Um die Grundsätze und Lehren der NSDAP aus dem deutschen Recht und der Verwaltung innerhalb des besetzten Gebietes auszurotten, um für das deutsche Volk Recht und Gerechtigkeit wieder herzustellen und den Grundsatz der Gleichheit vor dem Gesetz wieder einzuführen, wird folgendes verordnet.

Artikel l in V. mit Art. 52
Die folgenden nationalsozialistischen Grund Gesetze, die seit 30. Januar 1933 eingeführt wurden, sowie sämtliche Ergänzungs- und Ausführungsgesetze, Vorschriften und Bestimmungen, verlieren hiermit ihre Wirksamkeit innerhalb des besetzten Gebietes!

Wußten Sie dass der Freistaat Bayern die Bezeichnung **Polizei** sich nahmen- und marktwirtschaftlich gesichert hat. Alle anderen „Länder" können diese Bezeichnung [**Polizei**] somit immer nur in Lizenz erwerben.

Im Auszug dazu:

Das deutsche **Markengesetz**, amtlich: *Gesetz über den Schutz von Marken und sonstigen Kennzeichen (Markengesetz – MarkenG)*, dient dem Schutz von Marken. Es ist das Nachfolgegesetz des Warenzeichengesetzes von **1936** und schützt zusammen mit dem Geschmacksmustergesetz, dem Gebrauchsmustergesetz und dem Patentgesetz die Nebenerzeugnisse und Kennzeichen von Unternehmen im Rahmen des **gewerblichen Rechtsschutzes**.

In Anbetracht dessen, gibt es somit tatsächlich nur eine **privatrechtliche Polizei**, die demzufolge markenrechtlich in Erscheinung tritt.

Denn der Artikel 34 dieses GG besitzt keine Gültigkeit, wie so vieles mehr, auch nicht.

Und noch ein Bonbon zum Abschluß:

Der **Bundesadler** <u>ist kein Hoheitszeichen der Bundesrepublik</u> im Sinne von § 90a Abs. 2 Strafgesetzbuch.

Denn diese BRD ist das rechtswidrig fortgesetzte „Nazi Germany" wie es 1937 bestanden hat.

Es gibt nur ein gültiges Staatswappen und das gehört zu dem souveränen **Staat Deutschland** und ist folgendes:

124

Deutsche Republik
29.01.1933 <–> 08.05.1945
Deutschland als demokratische Republik

2012

Glossar:

Ein zweiter Band befindet sich schon in Ausarbeitung,
dabei werden die Gründe zum Festhalten an einem

„Nazi-Reiche" offenkundiger. Denn zu der Zahl **1890**, zu der auch die schon vorgefundenen Zahlen 2, 20, 200 gehören, die in einer These über Nostradamus zu finden sind, gesellt sich nun auch noch die 2000 dazu. Auch dieses spielt eine wesentliche Rolle in diesem Zwei-Welten-Alptraum.

Sämtliche „Nostradamus Forscher" wozu auch die „Nazis" der Vergangenheit wie Gegenwart gehören befinden sich auf dem sogenannten „Holzweg". Es ist richtig dass das Kürzel AH auftaucht, nur dieses hat eine völlig andere Bedeutung. Schon bei der Ausarbeitung der gewagten These über Nostradamus die Sie auch unter der schon mehrfach benannten Webseite finden können, kam es zu Problemen des nicht Verstehens. Also, angeblich zu kompliziert, ich persönlich kann nichts dafür:

dass **NA** durch das <u>T</u> vom **Ur** <u>Wissen</u>

getrennt wird. Wir finden bei der vorangestellten Aussage schon 2 Bedeutungen vor. NA sind alle diejenigen, die immer nur gerade aus denken können, NA sind diejenigen für die es kein rechts, links, hinten, oben und unten gibt. NA sind auch diejenigen, die immer nur auf andere verweisen wie ein ARA. Im Ur wissen sagt man dazu auch magischer Vogel. Aus der NA – T – UR heraus ist dieser Vogel dumm. Wenn UR dem Vogel ständig ein und dasselbe vorsagt, dann plappert NA irgendwann dieses und das ohne Sinn und Verstand nach. Ich habe in Bezug auf die gewagte These über Nostradamus genug E- Mails von NA erhalten. Mit Verweis auf einen vermeintlich dummen

126

und doch magischen Vogel, kann ich nun auch zugrunde legen, **traue** niemals:

ARA – B – ISCHEN

Papageizahlen die nicht nur 1346 in West – Germanien eingeführt worden sind. Und das am besten solange nicht, bis Sie wissen, was es damit auf sich hat.
In diesem Zusammenhang, da mir bekannt ist, dass auch bestimmte Kasten dieses Buch lesen werden, verabschiede ich mich mit:

NA - DE

JA

es ist vorbei!!

Beachten Sie bitte die Doppeldeutigkeit [...]

Übrings:

das römische Jahr 2011 ist identisch mit dem Jahr 2122. Im September des römischen Jahres 2012 irgendwo in der Zeit ab dem 7.ten 17. *MW und dem 28.ten Tag gegen 6:00 Uhr morgens, wird das angebliche „Christliche Oberhaupt" eine Erklärung abgeben und zurücktreten, so steht es nicht nur in der Zahl 3797 geschrieben.

*Mittelwert